大脑有氧操

最适合中学生的思维游戏题

西邪◎编著

中国财富出版社

图书在版编目（CIP）数据

大脑有氧操：最适合中学生的思维游戏题／西邪编著．—北京：中国财富出版社，2014.10

ISBN 978 - 7 - 5047 - 5347 - 2

Ⅰ.①大…　Ⅱ.①西…　Ⅲ.①智力游戏—青少年读物　Ⅳ.①G898.2

中国版本图书馆 CIP 数据核字（2014）第 197721 号

策划编辑	刘天一		**责任印制**	何崇杭
责任编辑	张　娟		**责任校对**	梁　凡

出版发行	中国财富出版社			
社　　址	北京市丰台区南四环西路 188 号 5 区 20 楼		**邮政编码**	100070
电　　话	010 - 52227568（发行部）		010 - 52227588 转 307（总编室）	
	010 - 68589540（读者服务部）		010 - 52227588 转 305（质检部）	
网　　址	http://www.cfpress.com.cn			
经　　销	新华书店			
印　　刷	北京京都六环印刷厂			
书　　号	ISBN 978 - 7 - 5047 - 5347 - 2/G · 0583			
开　　本	710mm × 1000mm　1/16		**版　　次**	2014 年 10 月第 1 版
印　　张	13.75		**印　　次**	2014 年 10 月第 1 次印刷
字　　数	184 千字		**定　　价**	28.00 元

前　言

　　游戏，是孩子的天性，不少父母却担心玩游戏会让孩子"丧志"。其实，"游戏"只要玩得对，是对孩子最大的帮助。

　　尤其是针对备考前夕，神经绷紧，全身紧张的学生而言，一套好的思维游戏，不仅可以拓宽孩子的思维、巩固孩子的知识，还可以让孩子打通思路，越玩越聪明。

　　我们都知道，思维能力是体现一个人智能水平的重要指标，如果能在游戏中训练和培养自身的思维能力，无疑是一个寓学习于娱乐的不二法门。如果有一本书，它能集科学性、趣味性和知识性于一体，从多元、纵深层面等不同程度，最大限度地挖掘我们的大脑潜能的游戏谜题，你说这好不好？

　　无论是为人父母，还是莘莘学子，试着拿起这本书，试着体验在思维游戏中巩固知识，缓解压力，拓展思维的方式吧。

　　这本书能帮到你。

　　本书包含"越玩越轻松"、"越玩越记牢"、"越玩越灵巧"、"越玩越聪明"四个方面，从孩子考前心理减压、考前身体放松、考前脑力减压和考前思维减压四大层面出发，以益智有趣，辅助孩子记牢各科目知识点，打通正向、逆向思维"任督二脉"的角度，给孩子呈现一套精彩纷呈、紧张刺激又有利于考前复习的思维游戏全集。

本书既是世界顶尖的思维游戏，集游戏性、趣味性、知识性、科学性于一身，是一套优等生都苛求的思维游戏经典，也是让孩子身临其境、切实地学会运用学科知识的思维宝典。

书中的思维游戏囊括了世界顶级高校优质生都喜欢玩的思维测试题，也囊括了我们生活中多见而未知的冷知识。

通过这本书，读者不仅能掌握全球高校优等生以及优秀人群的思维方式，了解他们的黄金思维，逐步形成思考问题、解决问题的思路，还能帮助读者扩展思路，形成不拘一格、科学合理的思维体系，是读者提升智慧、扩展思维的重要宝典。

作　者

2014 年 8 月

目　录

答 案

第一章
越玩越放松
——考前心理减压

第一节 让心理在考前大放松

1 有 2000 块芯片，已知好芯片比坏芯片多，请设计算法从其中找出一片好芯片，说明你所用的比较次数上限。其中：好芯片和其他芯片比较时，能判断出另一块芯片是好还是坏。坏芯片和其他芯片比较时，会随机给出好或是坏。

2 在训练的过程中，你是司令，你手下有两名军长，五名团长，十名排长和十二名士兵，那么请问你能猜到司令今年的年龄吗？

3 今天的两天前是星期五，那么请问明天的后一天是星期几？

4 有 3 个人去旅店住宿，住 3 间房，每间房 10 元，于是他们付给了老板 30 元。第二天，老板觉得 25 元就够了，于是就让伙计退 5 元给这 3 位客人，谁知伙计贪心，只退回每人 1 元，自己偷偷拿了 2 元。这样一来便等于那 3 位客人各花了 9 元，于是 3 个人一共花了 27 元，再加上伙计独吞的 2 元，总共 29 元。可当初 3 个人一共付了 30 元，那么还有 1 元到哪里去了？

5 一个正方体有 6 个面，每个面的颜色都不同，并且只能是红、黄、蓝、绿、黑、白 6 种颜色。如果满足：

一、红的对面是黑色

二、蓝色和白色相邻

三、黄色和蓝色相邻

那么，下面结论错误的是：

A. 红色与蓝色相邻

B. 蓝色的对面是绿色

C. 白色与黄色相邻

D. 黑色与绿色相邻

6 50名运动员按顺序排成一排，教练下令："单数运动员出列！"剩下的运动员重新排列编号，教练又下令："单数运动员出列！"如此下去，最后只剩下一个人，他是几号运动员？如果教练喊："双数运动员出列。"最后剩下的又是谁？

7 爷爷有两个钟，一个钟两年只准一次，而另一个钟每天准两次，爷爷问小明想要哪个钟。如果你是小明，你会选哪只？当然，钟是用来看时间的。

8 一个大小均匀的长管子，两端有口，里面有4个白球和4个黑球，球的直径、两端开口的直径等于管子的内径。现在白球和黑球的排列是 WWWWBBBB，要求不取出任何一个球，使得排列为 BBWW-WWBB。（W 代表白球，B 代表黑球）

9 有两个盲人，他们同时都买了两双白袜和两双黑袜，八双袜子的材质、大小完全相同，每一双袜子都有一张标签纸连着。两个盲人不小心将八双袜子混在一起。他们怎样才能取回自己的袜子？

10 有一天，旅社来了三对客人，两个男人，两个女人，还有一对夫妇，他们开了三个房间，门口分别挂上了带有标记的"男"、"女"、"男女"的牌子，以免走错房间。但是爱开玩笑的饭店服务员，把牌子巧妙地调换了位置，让客人找不到自己的房间。

在这种情况下，只要知道一个房间的情况，就可以了解其他房间的情况。

请问：应该敲挂什么牌子的房间门呢？

11 现在，桌子上放了两支同样的蜡烛 A 和 B，每支燃尽需要一个小时，那么，如何燃烧这两支蜡烛，可判定一个 45 分钟呢。注：只有这两支蜡烛和点火工具。

12 有一首歌叫十年，也有一首歌叫 3650 夜。那我现在问：十年有多少天？

13 在一个夜晚，同时有 4 人需要过桥，一次最多只能通过两个人，且只有一只手电筒，而且每人的速度不同。A、B、C、D 需要时间分别为：1 分钟、2 分钟、5 分钟和 10 分钟。问：在 17 分钟内这四个人怎么过桥？

14 在一个卧室内有 3 盏灯，卧室外有 3 个开关 A、B、C，分别控制卧室内的三盏灯。在卧室外看不见卧室内的情况。你只能进门一次，问你用什么方法来区分哪个开关控制哪盏灯？

15 现在，你的桌子上有 5 根铅笔，请问你如何摆放才能使它们首尾相接？

16 有两个犯人同时被抓，如两个人能同时坦白，各判刑期 5 年；如果一人坦白，他就是 1 年，另一个人 10 年；如果两人都不坦白，各判 3 年。两个人无法沟通，他们经过挣扎考虑后，都坦白了，都获得 5 年刑期。

请问：他们为什么要这样选择呢？

17 有一个奇怪的数字，去掉第一个数字，是 13，去掉最后一个数字是 40。

请问：这个奇怪的数字是什么？

18 你一个人到了一座荒岛上，救援人员 20 天后才能到达（今天是第 0 天）。你有 A 和 B 两种药片，每种 20 粒。每天你必须各吃一片才能活到第二天。但是你不小心把这两种药混在了一起，无法识别。你该怎么办？

19 已知：有 N 架一样的飞机停靠在同一个机场，每架飞机都只有一个油箱，每箱油可使飞机绕地球飞半圈。注意：天空没有加油站，可是飞机之间可以相互加油。

如果使某一架飞机平安地绕地球飞一圈，并安全地回到起飞时的机场，问：至少需要出动几架飞机？

注：路途中间没有飞机场，每架飞机都必须安全返回起飞时的机场，不许中途降落。

20 一个牢房用玻璃隔成三个部分，里面关有 3 个犯人。因为玻璃很厚，所以 3 个犯人只能互相看见，不能听到对方所说的话。一天，国王命令下人给他们每个人头上都戴了一顶帽子，告诉他们帽子的颜色只有红色和黑色，但是不让他们知道自己所戴的帽子是什么颜色。在这种情况下，国王宣布两条命令如下：

一、哪个犯人能看到其他两个犯人戴的都是红帽子，就可以获得释放；

二、哪个犯人知道自己戴的是黑帽子，也可以获得释放。

事实上，他们三个戴的都是黑帽子。只是他们因为被绑，看不见自己的罢了。很长时间，他们3个人只是互相盯着不说话。可是过了不久，聪明的A用推理的方法，认定自己戴的是黑帽子。

您也想想，他是怎样推断的呢？

21 吉米、瑞恩、汤姆斯刚新买了汽车，汽车的牌子分别是奔驰、本田和皇冠。他们一起来到朋友杰克家里，让杰克猜猜他们三人各买的是什么牌子的车。杰克猜道："吉米买的是奔驰车，汤姆斯买的肯定不是皇冠车，瑞恩自然不会是奔驰车。"很可惜，杰克的猜测，只有一个是正确的，你知道他们各自买了什么牌子的车吗？

22 在一场体育比赛中，共有 N 个项目，有运动员 1 号、2 号、3 号参加。在每一个比赛项目中，第一、第二、第三名分别得 A、B、C 分，其中 A、B、C 为正整数，且 $A > B > C$。最后 1 号选手共得 22 分，2 号与 3 号均得 9 分，并且 2 号在百米赛中取得第一。最后，求 N 的值，并分析出谁在跳高中得第二名。

23 四个旅游家（张虹、印玉、东晴、西雨）去不同的岛屿旅行，每个人都在岛上发现了野鸡蛋（1～3 个）。4 人的年龄各不相同，是由 18～21 岁。已知：

一、东晴是 18 岁。

二、印玉去了 A 岛。

三、21 岁的女孩子发现的蛋的数量比去 A 岛女孩的多 1 个。

四、19 岁的女孩子发现的蛋的数量比去 B 岛女孩的多 1 个。

五、张虹发现的蛋和 C 岛的蛋之中，有一个是 2 个。

六、D 岛的蛋比西雨的蛋要多 2 个。

请问：张虹、印玉、东晴、西雨分别是多少岁？她们分别在哪个岛屿上发现了多少野鸡蛋？

24 两个直径分别是 2 和 4 的圆环，如果小圆在大圆内部绕大圆转一周，那么小圆自身转了几周？如果在大圆的外部转，小圆自身又要转几周呢？

25 已知下列三个判断中，只有一个为真。

一、甲班有些人懂计算机。

二、甲班王某与刘某都不懂计算机。

三、甲班有些人不懂计算机。

请问：甲班的班长是否懂计算机？（注意：要有分析的过程。）

26 有一个工业公司，组织它下属的 A、B、C 三个工厂联合试制一种新产品。关于新产品生产出来后的鉴定办法，在合同中做了如下规定：

一、如果 B 工厂不参加鉴定，那么 A 工厂也不参加。

二、如果 B 工厂参加鉴定，那么 A 工厂和 C 工厂也要参加。

请问：如果 A 工厂参加鉴定，C 工厂是否会参加？为什么？

27 孙某和张某是考古学家老李的学生。有一天，老李拿了一件古物来考验两人，两人都无法验证出来这件古物是谁的。老李告诉了孙某拥有者的姓，告诉张某拥有者的名，并且在纸条上写下以下几个人的人名，问他们知道谁才是拥有者？

纸条上的名字有：沈万三、岳飞、岳云、张飞、张良、张鹏、赵括、赵云、赵鹏、沈括。

孙某说：如果我不知道的话，张某肯定也不知道。

张某说：刚才我不知道，听孙某一说，我现在知道了。

孙某说：哦，那我也知道了。

请问：那件古物是谁的？

28 两个犯人被关在监狱的囚房里，监狱每天都会给他们提供一小锅汤，让这两个犯人自己来分。起初，这两个人经常会发生争执，因为他们总是认为对方的汤比自己的多。后来他们找到了一个两全其美的办法：一个人分汤，让另一个人先选。于是争端就这么解决了。可是，现在这间囚房里又加进来一个新犯人，现在是三个人来分汤。因此，他们必须找出一个新的分汤方法来维持他们之间的和平。

请问：应该如何？

29 你去沙漠旅行，事先准备的水喝光了，你口渴难忍，这时你看到了有个瓶子，拿起来一看，里面还有多半瓶水。可是瓶口用软木塞塞住了，这个时候在不敲碎瓶子，不拔木塞，不准在塞子上钻孔的情况下，你怎样完整地喝到瓶子里的水呢？

30 某公寓发生了一起凶杀案，死者是已婚妇女。探长来到现场观察。

法医说："尸体经过检验后，死亡时间不到 2 个小时，被一把刀刺中心脏而死。"

探长发现桌上有一台录音机，问其他警员："你们开过录音机没有？"众警员都说没开过。

于是，探长按下放音键，传出了死者死前挣扎的声音：

"是我老公想杀我，他一直想杀我。我看到他进来了，他手里拿着一把刀。他现在不知道我在录音，我要关录音机了，我马上要被他杀死了……啊（惨叫声）。"录音到此中止。

探长听到录音后，马上对众警员说，这段录音是伪造的。你知道探长为什么这么快就认定这段录音是伪造的吗？

31 某高校 2007 年秋季入学的学生中有些是免费师范生。所有的免费师范生都是家境贫寒的。凡是贫困学生都参加了勤工助学活动。

如果以上说法是真的，那么，请找出错误的看法：

A. 有些参加勤工助学活动的学生不是免费师范生。

B. 2007 年秋季入学的学生中有人家境贫寒。

C. 凡是没有参加勤工助学活动的学生都不是免费的师范生。

D. 有些参加勤工助学活动的学生是 2007 年秋季入学的。

32 在一个住宅小区的居民中，大多数中老年人都办了人寿保险，所有买了四居室以上住房的居民都办了财产保险。所有办理人寿保险的都没有办财产保险。

如果：

一、某些中老年人买了四居室以上的房子。

二、某些中老年人没办此案产保险。

三、没有办人寿保险的是买四居室以上房子的人。

那么以下哪种说法是真的？

A. 一、二和三

B. 一和二

C. 二和三

D. 一和三

33 饭店的餐桌上有四个杯子，每个杯子上写着一句话。

第一个杯子：每个杯子里都有水果糖。

第二个杯子：我的里面有苹果。

第三个杯子：我的里面没有巧克力。

第四个杯子：有的杯子里没有水果糖。

以上所述，如果有一句话是真的，那么以下哪种说法为真？

A. 每个杯子中都有水果糖。

B. 每个杯子中都没有水果糖。

C. 每个杯子里都没有苹果。

D. 第三个杯子里有巧克力。

34 在一条河边有猎人、狼、男人领着两个小孩，一个女人也带着两个小孩。条件为：如果猎人离开的话，狼就会把所有的人都吃掉，如果男人离开的话，女人就会把男人的两个小孩掐死，而如果女人离开，男人则会把女人的两个小孩掐死。

这时，河边只有一条船，而这个船上也只能乘坐两个人（狼也算一个人），而所有人中，只有猎人、男人、女人会划船。请问，怎样做才能使他们全部渡过这条河？

35 奥林匹克运动会结束后，下面这五个人在进行议论。他们中有一个是讲真话的南区人，一个是讲假话的北区人，一个是既讲真话又讲假话的中区人，还有两个是局外人。他们每个人要么就先说两句真话，再说一句假话；要不然就先说两句假话，再说一句真话。请看以下他们的陈述：

甲：一、如果运动员都可以围腰布，那我也能参加。

二、乙一定不是南区人。

三、丁没能赢得金牌。

四、丙如果不是因为有晒斑，也能拿到金牌。

乙：一、戊赢得了银牌。

二、丙第一句话说的是假的。

三、丙没能赢得奖牌。

四、戊如果不是中区人就是局外人。

丙：一、我不是中区人。

二、我就算没有雀斑也赢不了金牌。

三、乙的铜牌没有拿到。

四、乙属于南区人。

丁：一、我赢得了金牌。

二、乙的铜牌没有拿到。

三、假如运动员都能围腰布，甲本来会参加。

四、丙不属于北区人。

戊：一、我得了金牌。

二、丙就算没有晒斑，也拿不到金牌。

三、我并不是南区人。

四、假如运动员都能围腰布，甲本来会参加。

那么，谁是南区人，谁是北区人，谁是中区人，哪两个是局外人，谁得了奖牌呢？

36 小甜和小蜜幸福地生活在一所豪宅里。她们既不参加社交活动，也没有与人结怨。有一天，女仆安卡跑来告诉李管家，说她们躺在卧室的地板上死了。李管家迅速与安卡来到卧室，发现正如安卡所描述的那样，两具尸体一动不动地躺在地板上。

李管家发现房间里没有任何暴力的迹象，尸体上也没有留下任何印记。凶手似乎也不是破门而入的，因为除了地板上有一些破碎的玻璃外，没有其他迹象可以证明这一点。李管家排除了自杀的可能；

中毒也是不可能的，因为晚餐是他亲自准备、亲自伺候的。李管家再次仔细地检查了一下尸体，但仍是没有发现死因，但注意到地毯湿了。

请问：小甜和小蜜是怎么死的呢！究竟谁杀了她们？

37 一个村子里一共有 50 户人家，每家每户都养了一条狗。村长说村里面有病狗，然后就让每户人家都可以查看其他人家的狗是不是病狗，但是不准检查自己家的狗是不是病狗。当这些人如果推断出自家的狗是病狗的话，就必须自己把自家的狗枪毙了，但是每个人在看到别人家的狗是病狗的时候不准告诉别人，也没有权利枪毙别人家的狗，只有权利枪毙自家的狗。然后，第一天没有听到枪声，第二天也没有，第三天却传来了一阵枪声。

请问：这个村子里一共有几条病狗，请说明理由？

38 曾经有座山，山上有座庙，只有一条路可以从山上走到山下。每周一早上 8 点，有一个聪明的小和尚去山下化缘，周二早上 8 点从山脚回山上的庙里。注意：小和尚的上下山的速度是任意的，但是在每个往返中，他总是能在周一和周二的同一钟点到达山路上的同一点。例如，有一次他发现星期一的 9 点和星期二的 9 点他都到了山路靠山脚的地方。

请问：这是为什么？

39 一般在每天中午的时间，从法国塞纳河畔的勒阿佛有一艘轮船驶往美国纽约，在同一时刻纽约也有一艘轮船驶往勒阿佛。我们已经知道的是，每次横渡大西洋一次的时间是 7 天 7 夜，以这样的时间匀速行驶，可清楚地遇到对方的轮船。

问题是：今天从法国开出的轮船能遇到几艘来自美国的轮船。

40 有 80 个外观一致的小球，其中一个和其他的重量不同，（不知道更轻还是更重）。现在给你一个天平，允许你称四次，把重量不同的球找出来，怎么称？

41 小刘和小红都是张老师的学生，张老师的生日是 M 月 N 日，两人都知道张老师的生日是下列 10 天中的一天，张老师把 M 值告诉了小刘，把 N 值告诉了小红，然后问他们老师的生日到底是哪一天？

3 月 4 日、3 月 5 日、3 月 8 日、6 月 4 日、6 月 7 日、9 月 1 日、9 月 5 日、12 月 1 日、12 月 2 日、12 月 8 日。

小刘说：如果我不知道的话，小红肯定也不知道。

小红说：刚才我不知道，听小刘一说我知道了。

小刘说：哦，那我也知道了。

请根据以上对话推断出张老师的生日是哪一天。

42 一道著名的逻辑分析题，有信心的朋友们可以试着分析一下，看你的智商有多高。有五位小姐排成一列，这五位小姐的姓氏不同，衣服的颜色、喝的饮料、喜欢的宠物、吃的水果都不相同。

一、钱小姐穿红色衣服。

二、翁小姐养了一条狗。

三、陈小姐喜欢喝茶。

四、穿白色衣服的在穿绿色衣服的右边。

五、穿绿色衣服的小姐在喝咖啡。

六、吃西瓜的小姐养了一只鸟。

七、穿黄色衣服的小姐在吃梨。

八、在中间站着的小姐喝牛奶。

九、在最左边站着的是赵小姐。

十、吃橘子的小姐站在养猫小姐的旁边。

十一、吃梨小姐的旁边站在养鱼小姐的旁边。

十二、吃苹果的小姐在喝香槟。

十三、江小姐在吃香蕉。

十四、蓝色衣服小姐的旁边站的是赵小姐。

十五、吃橘子的小姐的旁边站在喝开水小姐。

问题出来了，请问：养蛇的是哪位小姐？

43 有四对夫妻，赵结婚的时候张来送礼，张和江是同一排球队队员，李的爱人是洪的爱人的表哥。洪夫妇与邻居吵架，徐、张、王都来助阵。李、徐、张结婚以前住在一个宿舍。

请问：赵、张、江、洪、李、徐、王、杨这八个人谁是男谁是女？谁和谁是夫妻？

44 甲乙丙丁四人参加公务员考试，报考同一职位。该职位只招录一人，有且只有该四人报名。四人均准备充分，在考试中发挥出最高水平。考试结束后，四个人讨论如下：

甲：只要考试不黑，我肯定能考上。

乙：即使考试不黑，我也考不上。

丙：如果考试不黑，我就能考上。

丁：如果考试很黑，那么，我肯定考不上。

结果出来后，证明甲乙丙丁四人预测均正确，则有一人成功考取，那么可推出公务员考试：

A. 黑

B. 不黑

C. 有时黑，有时不黑

45 在人口统计调查的过程中，男女比例相当，但是，黄种人跟黑种人相比多得多。在白种人中，男性比例大于女性，请选择以下正确的说法：

A. 黄种女性多于黑种男性。

B. 黑种女性少于黄种男性。

C. 黑种男性少于黄种男性。

D. 黑种女性少于黄种女性。

46 假设有一个池塘，里面有无穷多的水。现有两个空水壶，容积分别为 5 升和 6 升。问题是如何只用这两个水壶从池塘里取得 3 升的水。

47 周雯的妈妈是豫林水泥厂的化验员。一天，周雯来到化验室做作业。做完后想出去玩。"等等，妈妈还要考你一个题目，"妈妈接着说，"你看这 6 只做化验用的玻璃杯，前面 3 只盛满了水，后面 3 只是空的。你能只移动 1 只玻璃杯，就使盛满水的杯子和空杯子间隔起来吗？"爱动脑筋的周雯，是学校里有名的"小机灵"，她只想了一会儿就做到了。请你想想看，"小机灵"是怎样做的？

48 三个小伙子同时爱上了一个姑娘，为了决定他们谁能娶这个姑娘，他们决定用手枪进行一次决斗。小李的命中率是 30%，小黄比他好些，命中率是 50%，最出色的枪手是小林，他从不失误，命中率是 100%。由于这个显而易见的事实，为公平起见，他们决定按这样的顺序：小李先开枪，小黄第二，小林最后。然后这样循环，直到他们只剩下一个人。那么这三个人中谁活下来的机会最大呢？他们都应该采取什么样的策略？

49 在一张长方形的桌面上放了 N 个一样大小的圆形硬币。这些硬币中可能有一些的位置不完全在桌面内，也可能有一些彼此重叠；当再多放一个硬币而它的圆心在桌面内时，新放的硬币便必定与原先某些硬币重叠。

请证明整个桌面可以用 4N 个硬币完全覆盖。

50 S 先生、P 先生、Q 先生他们知道桌子的抽屉里有 16 张扑克牌：红桃 A、Q、4；黑桃 J、8、4、2、7、3；草花 K、Q、5、4、6；方块 A、5。约翰教授从这 16 张牌中挑出一张牌来，并把这张牌的点数告诉 P 先生，把这张牌的花色告诉 Q 先生。这时，约翰教授问 P 先生和 Q 先生：你们能从已知的点数或花色中推知这张牌是什么牌吗？于是，S 先生听到如下的对话：

P 先生：我不知道这张牌。

Q 先生：我知道你不知道这张牌。

P 先生：现在我知道这张牌了。

Q 先生：我也知道了。

听罢以上的对话，S 先生想了一想之后，就正确地推出这张牌是什么牌。

请问：这张牌是什么牌？

51 某城市发生了一起汽车撞人逃逸事件。该城市只有两种颜色的车，蓝色 15%，绿色 85%。事发时有一个人在现场看见了，他指证是蓝车。但是根据专家在现场分析，当时那种条件能看正确的可能性是 80%。那么，肇事的车是蓝车的概率到底是多少？

52 有一人有 240 千克水，他想运往干旱地区赚钱。他每次最多携带 60

千克，并且每前进一千米须耗水 1 千克（均匀耗水）。假设水的价格在出发地为 0，以后，与运输路程成正比，即在 10 千米处为 10 元/千克，在 20 千米处为 20 元/千克……又假设他必须安全返回，请问，他最多可赚多少钱？

53 现在共有 100 匹马跟 100 块石头，马分 3 种，大型马、中型马跟小型马。其中一匹大马一次可以驮 3 块石头，中型马可以驮 2 块，而小型马 2 头可以驮一块石头。问需要多少匹大马，中型马跟小型马？（问题的关键是刚好必须是用完 100 匹马）

54 1 = 5 2 = 15 3 = 215 4 = 2145 那么 5 = ？

55 一个人花 8 元钱买了一只鸡，9 元钱卖掉了，然后他觉得不划算，花 10 元钱又买回来了，11 元卖给另外一个人。问他赚了多少钱？

56 有一种体育竞赛共含 M 个项目，有运动员 A，B，C 参加，在每一项目中，第一，第二，第三名分别得 X，Y，Z 分，其中 X，Y，Z 为正整数且 X > Y > Z。最后 A 得 22 分，B 与 C 均得 9 分，B 在百米赛中取得第一。求 M 的值，并问在跳高中谁得第二名。

57 一楼到十楼的每层电梯门口都放着一颗钻石，钻石大小不一。你乘坐电梯从一楼到十楼，每层楼电梯门都会打开一次，只能拿一次钻石，问怎样才能拿到最大的一颗？

58 为什么下水道的盖子是圆的？

59 有 7 克、2 克砝码各一个，天平一只，如何只用这些物品三次将 140 克的盐分成 50.90 克各一份？

60 5 名海盗抢得了窖藏的 100 块金子，并打算瓜分这些战利品。这是一些讲民主的海盗（当然是他们自己特有的民主），他们的习惯是按下面的方式进行分配：最厉害的一名海盗提出分配方案，然后所有的海盗（包括提出方案者本人）就此方案进行表决。如果50%或更多的海盗赞同此方案，此方案就获得通过并据此分配战利品。否则提出方案的海盗将被扔到海里，然后下一名最厉害的海盗又重复上述过程。所有的海盗都乐于看到他们的一位同伙被扔进海里，不过，如果让他们选择的话，他们还是宁可得一笔现金。他们当然也不愿意自己被扔到海里。所有的海盗都是有理性的，而且知道其他的海盗也是有理性的。此外，没有两名海盗是同等厉害的——这些海盗按照完全由上到下的等级排好了座次，并且每个人都清楚自己和其他所有人的等级。这些金块不能再分，也不允许几名海盗共有金块，因为任何海盗都不相信他的同伙会遵守关于共享金块的安排。这是一伙每人都只为自己打算的海盗。

最凶的一名海盗应当提出什么样的分配方案才能使他获得最多的金子呢？

61 有5只猴子在海边发现一堆桃子，决定第二天来平分，第二天清晨，第一只猴子最早来到，它左分右分分不平均，就朝海里扔了一只，恰好可以分成5份，它拿上自己的一份走了，第2、第3、第4、第5只猴子也遇到同样的问题，采用了同样的方法，都是扔掉一只后，恰好可以分成5份，问这堆桃子至少有多少只？

62 话说某天一艘海盗船被天下砸下来的一头牛给击中了，5个倒霉的海盗只好逃难到一个孤岛，发现岛上孤零零的，幸好有棵椰子树，还有一只猴子！

大家把椰子全部采摘下来放在一起，但是天已经很晚了，所以就先睡觉。

晚上某个家伙悄悄地起床，悄悄地将椰子分成 5 份，结果发现多一个椰子，顺手就给了幸运的猴子，然后又悄悄地藏了一份，然后把剩下的椰子混在一起放回原处，最后还是悄悄地回去睡觉了。

过了会儿，另一个家伙也悄悄地起床，悄悄地将剩下的椰子分成 5 份，结果发现多一个椰子，顺手就又给了幸运的猴子，然后又悄悄地藏了一份，把剩下的椰子混在一起放回原处，最后还是悄悄地回去睡觉了。

又过了一会……

又过了一会…总之 5 个家伙都起床做了一样的事情。

早上大家都起床，各自心怀鬼胎地分椰子了，这个猴子还真不是一般的幸运，因为这次把椰子分成 5 份后居然还是多一个椰子，只好又给它了。问题来了，这堆椰子最少有多少个？

63 你有两个罐子，50 个红色弹球，50 个蓝色弹球，拿一个罐子，随机选取出一个弹球放入罐子，怎么给红色弹球最大的选中机会？在你的计划中，得到红球的准确概率是多少？

第二节　考前心理减压的数字密码

1 一个人晚上出去打了 10 斤酒，回家的路上碰到了一个朋友，恰巧这个朋友也是去打酒的。不过，酒家已经没有多余的酒了，且此时天色已晚，别的酒家也都已经打烊了，朋友看起来十分着急。于是，这个人便决定将自己的酒分给他一半，可是朋友手中只有一个 7 斤和 3 斤的酒桶，如何才能将酒平均分开呢？

2 一天，小赵的店里来了一位顾客，挑了 20 元的货，顾客拿出 50 元，小赵没零钱找不开，就到隔壁小韩的店里把这 50 元换成零钱，回来给顾客找了 30 元零钱。过一会儿，小韩来找小赵，说刚才的是假钱，小赵马上给小李换了张真钱。

问：在这一过程中小赵赔了多少钱？

3 老王要养马，他有这样一池水：

如果养马 30 匹，8 天可以把水喝光；

如果养马 25 匹，12 天把水喝光。

老王要养马 23 匹，那么几天后他要为马找水喝？

4 小强参加学校举行的小学生知识能力竞赛，比赛结束后，乐乐问小强得了第几名，小强故意卖关子，说："我考的分数、名次和我的年龄的乘积是 1958，你猜猜看。"乐乐想了没多久就说出了小强的分数、名次和年龄。

那么，你知道小强多大吗？他的竞赛名次和分数呢？

5 小丽花 90 元买了件衣服，她脑子一转，把这件衣服 120 元卖了出去，她觉得这样挺划算的，于是又用 100 元买进另外一件衣服，原以为会 150 元卖出，结果卖亏了，90 元卖出。问：你觉得小丽是赔了还是赚了？赔了多少还是赚了多少？

6 鸡妈妈领着自己的孩子出去觅食，为了防止小鸡丢失，她总是数着，从后向前数到自己是 8，从前向后数，数到她是 9。鸡妈妈最后数出来她有 17 个孩子，可是鸡妈妈明明知道自己没有这么多孩子。那么这只糊涂的鸡妈妈到底有几个孩子呢？鸡妈妈为什么会数错？

7 星期天，洛洛全家人出去游玩，由于玩得太高兴了，忘记了时间，他们慌慌张张来到一条小河边，河上有座桥，一次只允许两个人通过。如果他们一个一个过桥的话，洛洛需要 15 秒，妹妹要 20 秒，爸爸要 8 秒，妈妈要 10 秒，奶奶要 23 秒。如果两个一块过桥的话，只能按着走路慢的人的速度来走。过桥后还要走 2 分钟的路。洛洛一家人急着到对面去赶最后一班的公交车。他们只有 3 分钟的时间，问小明一家能否赶上公交车？他们该怎样过桥？过桥用了多长时间？

8 一个商人赶一辆马车走 50 千米的路程去县城卖 50 箱苹果，一个箱子里有 30 个苹果。马车一次可以拉 10 箱苹果。但商人进城时喜欢带上他的儿子。在进城的路上他的儿子每走一千米由于口渴都要吃掉一个苹果。那么商人走到县城还有多少个苹果可以卖？

9 有一口深 4 米的井，井壁非常光滑。井底有只青蛙总是往井外跳，但是，这只青蛙每次最多能跳 3 米，你觉得这只青蛙几次能跳到井外去吗？为什么？

10 幼儿园的老师给三组小孩分桃子，如只分给第一组，则每个孩子可得 7 个；如只分给第二组，则每个孩子可得 8 个；如只分给第三组，则每个孩子可得 9 个。

老师现在想把这些苹果平均分给三组的孩子，你能告诉她要每个孩子分几个吗？

11 有 100 石大米，需要用牛车运到米行，米行恰巧找来了 100 辆牛车，牛车有大小之分，大牛车一次可以运 3 石，中型的牛车可以运 2 石，而小牛车却需要用两辆才能运 1 石。请问如果既要把大米运完又要把 100 辆车用够，该如何分配牛车？

12 天天跟甜甜一块到草地上玩弹珠，天天说："把你的弹珠给我 2 个吧，这样我的弹珠就是你的 3 倍了。"甜甜对天天说："还是把你的弹珠给我 2 个吧，这样我们的弹珠就一样多了。"分析一下，天天跟甜甜原来各有多少个弹珠？

13 6 点放学，雨还在下，丽丽为了考考青青，便对青青说："青青，雨已经下了三天了，看样子不打算停了，你觉得 40 小时后天会黑吗？"

14 妈妈跟小军一块去逛街，回来后天已经黑了，妈妈叫小军开灯，小军想捉弄一下妈妈，连拉了 7 次灯，猜猜小军把灯拉亮没？如果拉 20 次呢？25 次呢？

15 毕业了，寝室的 5 个人需要分书架，一共有 3 个一模一样的书架，把这 3 个书架分给 3 个人，然后分到书架的 3 个人各拿出 1000 元，平均分给其余两人。这样一分，大家都觉得挺合理的。事后，其中一人算了半天也不知道到底一个书架是多少钱，你能告诉他吗？

16 小李有 40 元钱，他想买饮料，老板告诉他，2 元钱可以买一瓶饮料，4 个饮料瓶可以换一瓶饮料。那么，小李最多可以买到多少瓶饮料？

17 用水果刀平整地去切一个大西瓜，一共切 10 刀，最多能将西瓜切成多少块？最少能切多少块？

18 一个家庭有 4 个儿子，把这四个儿子的年龄乘起来积为 15，那么，这个家庭四个儿子的年龄各是多大？

19 有 A、B、C、D 四个数，它们分别有以下关系：A、B 之和大于 C、D 之和，A、D 之和大于 B、C 之和，B、D 之和大于 A、C 之和。请问，你可以从这些条件中知道这四个数中哪个数最小吗？

20 老师给全班 60 个学生布置了两道作业题，其中有 40 个人做对了第一道题，有 31 个人做对了第二道题，有 4 个人两道题都做错了。那么，你能算出来两道题都做对的人数吗？

21 有一队人一起去郊游，这些人中，有的戴的是蓝色的头巾，有的戴的是黄色的头巾。在一个戴蓝色头巾的人看来，蓝色头巾与黄色头巾一样多，而戴黄色头巾的人看来，蓝色头巾比黄色头巾要多一倍。那么，到底有几个人戴蓝色头巾，几个人戴黄色头巾？

22 小红的妈妈买了 48 个果冻，妈妈对小红说：如果你能把这些果冻分成 4 份，并且使第一份加 3，第二份减 3，第三份乘 3，第四份除 3 所得的结果一致，那你就可以吃这些果冻了。小红想了好长时间，终于把这个问题想出来了，聪明的你知道怎么分吗？

23 小红和小丽一块到新华书店去买书，两个人都想买《综合习题》这本书，但钱都不够，小红缺少4.9元，小丽缺少0.1元，用两个人合起来的钱买一本？但是钱仍然不够，那么，这本书的价格是多少呢？

第三节　急中生"智"的考前心理解压

1 一位高僧与屠夫同时去世，为什么屠夫比高僧先升天？

2 小偷最怕哪三个字母？

3 一只蚂蚁不小心从飞机上掉了下来，就死了。猜猜它是怎么死的？

4 一头猪说："加油啊！"——打一样食品材料，猜猜是什么？

5 明明是一个晴朗出太阳的好日子，却有人说："等一下就要刮台风了！"为什么他会这么说？

6 顺着往"基隆"的路标走，却跑到"桃园"去了，为什么？

7 印度政府规定，男性不得与他的寡妇之姐妹结婚，为什么？

8 从前的人结婚都要先查一查对方的三代，现在的人则查什么？

9 大气的流动叫"气流"，河水的流动叫"水流"，那风的流动呢？

10 他竟然可以向后走而向前进，这是怎么一回事呢？

11 一头牛一年吃三公顷的牧草，现有面积三十公顷的牧场养了五头牛，请问需要多久才能全部吃完？

12 大象为什么会有那么长的鼻子？

13 什么东西不怕布，只怕石头？

14 煮一个蛋要四分钟，煮八个蛋要几分钟？

15 萝卜喝醉了，会变成什么？

16 什么东西越擦越小？

17 妈妈明明在叫大宝，但出来的竟是小宝，为什么？

18 一个失恋的年轻男子从两层楼高的天桥往下跳，结果却毫发无伤，这是怎么回事？

19 为什么阿发悄悄对臭皮说他裤子的拉链忘了拉，臭皮却不以为意？

20 一向最爱吃蛋糕的大宝，今天为什么连面前那1/4小块蛋糕都吃不下呢？

21 三国美男子周瑜，为什么会感慨地说："既生瑜，何生亮"呢？

22 一只青蛙掉进30米深的枯井，如果它每次能跳2米高，它需要跳几次才能跳出井口呢？

23 老李站在马路上指手画脚，却不见警察来赶他，为什么？

24 "不见棺材不掉泪"可以拿来形容一个人顽固，你知道什么人是"见了棺材仍然不掉泪"的死硬派吗？

25 大多数人是用左手端碗，右手吃饭，对吧？

26 甲跟乙打赌："我可以咬到自己的右眼。"乙不信，甲把假的右眼拿下来放在嘴里咬了五下。甲又说："我还可以咬到自己的左眼。"乙仍然不信，结果，甲又赢了，他是怎么做到的？

27 一根绳子，对折，对折，再对折，这时候每折绳子长1米，这根绳子长多少米？

28 冬冬做作业，写语文作业用去时间的一半，写数学作业又用去剩下时间的一半，最后 5 分钟用来读课外书，问冬冬完成全部作业用多少时间？

29 幼儿园中班有巧克力 48 块，另外还有一些奶糖，小朋友吃掉 26 块奶糖后，奶糖就比巧克力多 18 块，问奶糖原来有多少块？

30 妈妈买回不到 20 个鸡蛋，3 个 3 个地数正好数完，5 个 5 个地数就多 3 个。请问妈妈买了多少个鸡蛋？

31 小明过生日，妈妈买来一个蛋糕，切 2 刀最多能切成几块？

32 小强准备用奶粉为自己冲一杯牛奶，打水用了 1 分钟，洗杯子和汤匙各用了 1 分钟，烧开水用 7 分钟，取奶粉用 2 分钟，冲牛奶用了 1 分钟。小强要花多长时间，才能使自己尽快喝上牛奶？

33 6 个好朋友一起去郊外游玩。每人一包小薯片，两人合一包中薯片，三人合一包大薯片，一共需要带多少包薯片？

34 同学们进行队列练习，向前走时，小明数了数，他前面有 4 人，老师喊"向后转走"的口令后，小明数了数，他前面有 5 人。这行同学有多少人？

35 小林绕操场跑一圈用 57 秒，小伟跑一圈要用 1 分 2 秒。谁跑得快？快多少秒？

36 苹果树、梨树和桃树共 80 棵，其中苹果树和梨树一共有 60 棵，梨树和桃树共 50 棵。三种树各有多少棵？

37 一堆苹果重 28 千克，分成两堆，一堆比另一堆重 8 千克。问两堆苹果各重多少公斤？

38 买 1 只鸡的钱可以买 3 条鱼，买 1 条鱼的钱可以买 4 千克水果。1 千克水果 2 元钱。请问 1 只鸡多少钱？

39 二年级原来女同学比男同学多 25 人，今年二年级又增加了 80 个男同学和 65 个女同学，现在是男同学多还是女同学多？多几人？

40 一辆大客车原来有乘客 34 人。到玄武门站下车的比上车的多 7 人，大客车上现在有多少人？

41 农民伯伯要挑两筐西瓜，甲筐有西瓜 8 只，每只重 6 千克，乙筐有西瓜 9 只，每只重 4 千克，从甲筐拿出几只给乙筐，这副担子两边才相等？

42 体育课学生做操，正好排成一个正方形队伍，从左、右数，小娟都站在队伍的第 3 位，请问这个队伍共有多少学生？

43 小军跟爸爸到外地郊游，爸爸买一张火车票是 5 元，小军买半票，他们来回一共要付多少钱？

44 有一个信箱，邮递员每天来取 5 次信，第一次是早晨 7 点，最后一次是下午 7 点。如果取信的时间间隔相同，那么还有其他三次取信的时间各是几点？

45 一个不会游泳的人掉进了水里却没有淹死，为什么？

46 用什么可以解开所有的谜？

第二章
越玩越记牢
——考前身体放松

第一节 考前试试与物理巧妙博弈

1 挂在壁墙上的石英钟，当电池的电能耗尽而停止走动时，其秒针往往停在刻度盘上"9"的位置。为什么？

2 有时自来水管在邻近的水龙头放水时，偶尔发生阵阵的响声。为什么？

3 对着电视画面拍照，应关闭照相机闪光灯和室内照明灯，这样照出的照片画面更清晰。为什么？

4 走样的镜子，人距镜越远越走样。为什么？

5 将气球吹大后，用手捏住吹口，然后突然放手，气球内气流喷出，气球因反冲而运动，而且运动方向变化不定。为什么？

6 有时候从保温瓶中倒出一大杯开水后盖回瓶塞，为什么瓶塞会跳起来？

7 双层玻璃为什么能够隔热、隔音？

8 多油的菜汤由于油层覆盖在汤面，变得很保温，不易变凉，为什么？

9 我国南方有一种凉水壶，夏天将开水放入后很快冷却，且一般略比气温低，为什么？

10 为什么保温瓶中的水不能太满，要水面和软木塞间有一小段距离？

11 在火车上观看窗外开阔的原野，感觉速度会比较慢一些，为什么？

12 为什么一般所见到的摩托车或者自行车障碍赛表演，总是用后轮来"走路"？

13 太阳系九大行星从里到外的顺序是什么？

14 "对于战略武器限制条约的检查，困难之一是对地下原子弹试验和自然地震不易区分。"这是不对的。为什么？

15 如果你经常观看足球比赛的话，一定见过罚前场直接任意球。这时候，通常是防守方五六个球员在球门前组成一道"人墙"，挡住进球路线。进攻方的主罚队员，起脚一记劲射，球绕过了"人墙"，眼看要偏离球门飞出，却又沿弧线拐过弯来直入球门，让守门员措手不及，眼睁睁地看着球进了大门。这就是颇为神奇的"香蕉球"。为什么足球会在空中沿弧线飞行呢？

16 有些居民的大门上，可以看到一个圆形的小孔，小孔中装有玻璃片，这便是门镜，透过门镜，室内的人可以清楚地看出室外是谁在敲门，可室外敲门的人却不能透过玻璃片看清室内有没有人，故此，也有人称门镜为"警眼"。
"警眼"中的玻璃片到底是什么？

17 看电影时，从各个角度都能看见银幕上的画面，为什么？

18 袜子穿在脚上，脚踩在水中，袜子湿透了，这时要把袜子脱下来可费劲了，就好像粘在脚上一样。

有人说，这是水有黏性，是水把袜子和脚粘在了一起，这种说法不准。

那到底为什么呢？

19 你亲自煮过元宵和水饺吗？有经验的人都晓得，元宵、饺子下水煮的时候，开始是沉在锅底的，等到浮上水面，就意味着快要煮熟啦！可是，你能说出这一现象中所包含的物理知识吗？

20 世界著名的魔术师托里尼，每次演出的压轴戏总是"退尔枪"。由他儿子扮演瑞士民族英雄威廉·退尔的，将一只苹果放在他口中，用嘴咬住。托里尼请一位观众拿起一把手枪，在众目睽睽之下将一颗子弹推上镗，随后让他对准苹果开枪。"乒"的一声子弹在烟雾中飞出，只见小托里尼安然无恙，而子弹却留在苹果中。

人们从力学角度去思考，怎么也无法解释快速飞驰的子弹却会被一只苹果挡住。你能想到原因吗？

21 在太阳光的照射下肥皂泡呈现彩色，瀑布在太阳光下呈现彩虹，这是为什么？

22 锅内盛有冷水时，锅底外表面附着的水滴在火焰上较长时间才能被烧干，而且直到烧干也不沸腾，为什么？

23 天然气炉的喷气嘴侧面有几个与外界相通的小孔，但天然气为什么不会从侧面小孔喷出，而只从喷口喷出。为什么？

24 生活中常听人们有这种说法：触电时人被电吸住了，抽不开。真的是人被电"吸"住了吗？

25 会打秋千的人，不用别人帮助推，就能越摆越高，而不会打秋千的人则始终也摆不起来，为什么？

26 为什么子弹飞的时候会旋转？

27 如果人们进入贯穿地球的隧道中，会怎么样？

28 宇宙有温度吗？如果有，是多少？

29 圆珠笔和墨水笔杆上，都有一小孔，这小孔有什么功用呢？

30 1890 年，一艘名叫"马尔波罗号"帆船在从新西兰驶往英国的途中，突然神秘地失踪了。20 年后，人们在火地岛海岸边发现了它。奇怪的是：船上的一切都原封未动，完好如初。船长航海日记的字迹仍然依稀可辨；就连那些已死多年的船员，也都"各在其位"，保持着当年在岗时的"姿势"；1948 年年初，一艘荷兰货船在通过马六甲海峡时，一场风暴过后，全船海员莫名其妙地死光；在匈牙利鲍拉得利山洞入口廊里，3 名旅游者齐刷刷地突然倒地，停止了呼吸……上述惨案，引起了科学家们的普遍关注，其中不少人还对船员的遇难原因进行了长期的研究。就以本文开头的那桩惨案来说，船员们是怎么死的？是死于天火或是雷击吗？不是，因为船上没有丝毫燃烧的痕迹；是死于海盗的刀下的吗？不！遇难者遗骸上没有看到死前打斗的迹象；是死于饥饿干渴吗？也不是！船上当时储存着足够的食物和淡水。至于前面提到的第二桩和第三桩惨案，是自杀还是他杀？死因何在？凶手是谁？检验的结果是：在所有遇难者身上，都没有找到任何伤痕，也不存在中毒迹象。显然，谋杀或者自杀之说已不成立。那么，是急病突然发作致死的吗？法医的解剖报告表明，死者生前个个都很健壮！

案情的确蹊跷、迷离而莫测！到底"凶手"是谁？

31 肥胖的人，下滑速度真的会比瘦人快吗？

32 在体育比赛中，跳远的运动员选择较长的助跑距离，而跳高运动员的助跑距离则要短得多。如果选择较长的助跑距离，是否就跳不高呢？

33 炎热的夏天，热气逼人，吃上一根冰棍才舒服呢！你注意过吗，冰棍从冷藏箱里拿出来往往还冒"汽"哩！真有趣，通常只有热的东西才冒汽，冰棍为什么会冒汽呢？

34 在北极圈内，有取之不尽的冰，又有用之不竭的水。每当冬天到来之前，爱斯基摩人都要建造冰屋。他们就地取材，先把冰加工成一块块规则的长方体，这就是"砖"；用水作为"泥"。材料准备好以后，他们在选择好的地方，泼上一些水，垒上一些冰块，再泼一些水，再垒一些冰块；前边不断地垒着，后边不断地冻结着，垒完的房屋就成为一个冻结成整体的冰屋。这种房屋很结实，被誉为爱斯基摩人的令人羡慕的艺术杰作。

爱斯基摩人的冰屋是怎样起到保暖防寒作用的呢？

35 冬天在室外，气温很低，手冻得难受，这时往手上呵气，会使手感到暖和些。从锅里取刚出笼的馒头，手烫得难受，这时往手上吹气，又觉得不太烫了。那么，为什么呵气时感到暖和，而吹气又会解除烫感呢？

36 以口对着一支温度计吹，温度计的读数会上升。但对着手背吹气却觉得凉快，为什么？以口向手背呵气又会怎样？

37 电冰箱的原理是什么？

38 电冰箱门上的星标有什么用?

39 在晴空中,有时会见到一条长白带。尽人皆知这白带是喷气式飞机过后所造成的。但喷气式飞机喷出的是黑烟,为什么会形成白带呢?

40 声波在室内传播时,要被墙壁、天花板、地板等障碍物反射,每反射一次都要被障碍物吸收一些。这样,当声源停止发声后,声波在室内要经过多次反射和吸收,最后才消失,我们就感觉到声源停止发声后声音还继续一段时间。这种现象叫做混响,这段时间叫做混响时间。混响时间的长短是音乐厅、剧院、礼堂等建筑物的重要声学特性。为什么会出现混响呢?

41 科学家发现,不同的植物对不同的噪声敏感程度不一样。根据这个道理,人们制造出噪声除草器。这种噪声除草器发出的噪声能使杂草的种子提前萌发,这样就可以在作物生长之前用药物除掉杂草,用"欲擒故纵"的妙策,保证作物的顺利生长。这是为什么呢?

42 人是怎样看见物体的?

43 日常生活中,我们常看到一些小朋友吹肥皂泡,一个个小肥皂泡从吸管中飞出,在阳光的照耀下,发出美丽的色彩。此时,小朋友们沉浸在欢乐和幸福之中,我们大人也常希望肥皂泡能飘浮于空中,形成一道美丽的风景。但我们常常是看到肥皂泡开始时上升,随后便下降,这是为什么呢?

44 话说三国时期,刘备、关羽、张飞"桃园三结义"之后,张飞对自己排在第三位总感到不服气。有一天,兄弟三人饮酒聚会,张飞喝了不少酒，趁着酒劲提出要与关羽比力气，想出出这口气。

他提出：谁能把自己提起来，谁的力气就大。说罢，他用双手紧抓自己的头发，使劲向上提。尽管他使出了最大的力气，憋得满脸黑紫，甚至把头发都拔掉了一大把，结果还是不能使自己离开地面。最后便气呼呼地坐到自己的椅子上去了。

关羽想了一下，找来一根绳子，把绳子的一端拴在自己腰上，另一端跨过一个树杈，双手使劲向下拉，结果身体慢慢离开了地面。关羽胜了。

张飞为什么失败呢？

45 在冬天，一场大雪过后，人们会感到外面万籁俱寂。这是怎么回事？难道是人为的活动减少了吗？那么，为什么在雪被人踩过后，大自然又恢复了以前的喧嚣？

46 打气筒在使用时为什么会变热？

47 寒冷的冬天，吃上一碗热乎乎的"冻豆腐"，那真算得上是一种别具风味的美菜呢！豆腐本来是光滑细嫩的，冰冻以后，它的模样为什么会变得像泡沫塑料呢？

48 大家都知道，带异性电的两块云接近时放出闪电，并因高温使空气体积迅速膨胀、水滴汽化而发出强烈的爆炸声，这就是我们常说的"电闪雷鸣"。闪电为什么总是弯弯曲曲的呢？

第二节　身体力行感受化学奥秘

1 为什么牛奶不宜在高温下煮太久？

2 某工厂仓库中堆放的镁粉正在燃烧，放出耀眼的白光。它的隔壁就是化学药品仓库，要是不及时把火扑灭，就会发生更严重的火灾事故。保管员小刘用二氧化碳灭火器去灭火，可是，火不但没有被扑灭，反而着得更旺。后来，小刘改用水浇，却还是无法灭火。最后，还是有经验的消防队员用很普通的方法就把火扑灭了，避免了更严重的火灾发生。那么，消防队员是用什么方法把火扑灭的呢？

3 在清代文学家蒲松龄所写的短篇小说集《聊斋志异》里，经常谈到"鬼火"。旧社会里迷信的人，还把"鬼火"添枝加叶地说成是什么阎罗王出巡的鬼灯笼。那么，"鬼火"到底是什么呢？

4 某中学的趣味化学表演大会正在热烈地进行着，其中一个节目格外引人注目，只见一根木杆上挂着一只 200 瓦左右的电灯泡，这个灯泡发出耀眼的白光，就亮度来说，一般的电灯比起它来是望尘莫及的。然而这个电灯泡并没有任何电线引入，因为它是一个不用电的电灯泡。请你们想一想，这个不用电的电灯泡的秘密在哪里？

5 在一个大烧杯中装入稀盐酸溶液，然后往烧杯中放一个新鲜鸡蛋，它会马上沉底。不一会儿，鸡蛋又上升到液面，接着又沉入杯底，过一会儿鸡蛋又重新浮到液面，这样可反复多次。请大家分析一下，这是什么道理？

6 婴儿总是头部先娩出娘胎，为的是尽早吸入空气而不至于窒息，死者则是随着呼出最后尚存的一息游气而告谢世，这一切均和氧的功能有关。

可是人却不能长时间呼吸纯氧，你知道这是为什么吗？

7 我国古代很讲究使用刀剑，优质锋利的刀称为"宝刀"。战国时期，相传越国就有人制造"干将"、"莫邪"等宝刀宝剑，那真是锋利无比，"削铁如泥"，头发放在刃上，吹口气就会断成两截。当然，传说难免有点夸张，但是"宝刀"锐利却是事实。过去只有少数工匠掌握生产这类"宝刀"的技术。那么制造"宝刀"的秘密是什么呢？

8 胃有很强的消化功能，靠的是胃内的盐酸、胃蛋白酶和黏液。盐酸是一种腐蚀性很强的酸，食物进入胃里，盐酸就会把食物中的细菌杀死。胃里的盐酸浓度较高，足足可以把金属锌熔化掉。胃蛋白酶能分解食物中的蛋白质。黏液能把食物包裹起来，既起到润滑作用，又能保护胃黏膜，使它不受食物引起的机械损伤。胃里的盐酸、胃蛋白酶和黏液联合起来，几乎可以消化一切食物。

既然胃的消化能力这么强，为什么不能消化掉自己？

9 小红拿了一块既新又漂亮的花手帕，在一个盛着水的玻璃杯中浸了浸，取出之后挤了挤水，然后用铁钳夹住手帕一角，放到酒精上点燃。霎时间，全场灯光都熄灭了。只有点燃的火，在台上燃烧着。不一会儿火渐渐地灭了，台下的观众都在为这个漂亮的花手帕白白地被烧掉而感到可惜。它一定化为灰烬了。突然，场灯大亮，这个花手帕竟然完整无损。这是什么原因呢？

10 找一张铝箔或用一张香烟盒里包装用的铝箔，把它折成鸭子状（注意有铝的一面向外）。

用毛笔蘸硝酸汞溶液，在铝鸭子周身涂刷一遍，或将铝鸭子浸在硝酸汞溶液中洗个澡，再用药水棉花或干净的布条把鸭子身上多余的药液吸掉。几分钟后，你会惊奇地看到鸭子身上竟长出了白茸茸的毛！更奇怪的是，用棉花把鸭子身上的毛擦掉之后，它又会重新长出新毛来。

铝鸭子为什么会长毛呢？长出的毛到底是什么东西呢？

11 春天到了，小狗子家的屋墙用白灰刚刚粉刷一新，可是两天以后，小狗子好奇地指着墙问爸爸："墙怎么出汗了？"爸爸笑了笑把问题回答了。谁能猜到小狗子爸爸是怎么回答的？

12 中学的校舍需要重新维修，工人师傅往一堆石灰中倒入水发出吱吱的响声，好像开锅似的。慧清和艳丽两位同学站在一旁好奇地看着，一边议论。慧清说："看这个热乎劲，准能将鸡蛋烧熟。"艳丽说："根本不可能。"她俩为了弄个明白，就从家里拿来一个鸡蛋，埋到正在冒气的石灰堆里，不大一会儿，只听"啪"的一声，鸡蛋爆炸了。她们看到这种情形，更加纳闷了，她们想来想去也没弄清楚是怎么回事，谁能给她俩解释一下？

13 大家都有这样的经验，放置很久的红薯吃起来总是比新挖出土的甜，这是什么原因呢？

14 为什么炒菜时不宜把油烧得冒烟？

15 食盐除了供我们食用还有什么实用价值？

16 绿豆在铁锅中煮熟后为何会变黑？

17 大蒜为什么有杀菌作用?

18 家庭中蒸馒头或蒸小菜的水叫蒸锅水。这种蒸锅水不能喝也不能煮饭或烧粥,这是什么原因呢?

19 如何除去鱼胆的苦味?

20 饮豆浆有什么禁忌?

21 为何烧肉骨汤中途不宜加冷水?

22 为什么豆腐最好不要和菠菜一起煮?

23 切葱头为何流眼泪?

24 水果为什么可以解酒?

25 为什么汽水会有汽?

26 黄酒为何要烫热喝?

27 霜打的青菜为什么味更美?

28 柿饼外的白粉是什么?

29 壶里为什么会有水碱?

30 水有软硬吗?

31 怎样防煤气中毒?

32 茶里含有些什么化学成分?

33 为什么说铝其实对身体有一定危害?

34 海水中为何出现"赤潮"?

35 食物原来也有酸碱性?

36 为什么食物中也有二氧化硫?

37 为什么食盐会潮解? 如何使其不潮解?

38 医生用什么药使运动员很快消除疼痛?

39 为什么酒越陈越香?

40 铅笔的标号是怎么分的?

41 俗话说:"良药苦口",有什么根据?

42 不慎打碎体温计,如何处理?

43 为什么不能用茶水服药?

44 绘制装饰图案用的"金粉"、"银粉"是用什么做的?

45 为什么钨丝灯泡用久了会发黑?

46 如果你注意一下豆腐坊里做豆腐的情形,就会发现:人们总是用水把黄豆浸胀,磨成豆浆,煮沸,然后进行点卤——往豆浆里加入盐卤。这时,就有许多白花花的东西析出来,一过滤,就制成了豆腐。

盐卤既然喝不得,为什么做豆腐却要用盐卤呢?

47 蒙古人爱用银碗盛马奶来招待客人,以表示对客人的友谊像银子那样珍贵,像马奶那样洁白。

奇怪的是,银碗好像有什么魔术似的,牛奶、食物一放在银碗里面,它的保存时间就会长得多。用银壶盛放的饮水,甚至可以保持几个月也不腐败。这是怎么回事呢？

48 为什么菜刀会生锈？

49 为什么盐放早了，豆会煮不烂？

50 夏天到来后，蚊子随之孳生，尤其是雨季，蚊虫的幼虫在积水中大量繁衍。蚊虫的叮咬使人难以入眠，而且还会传播疾病。可是要想彻底消灭蚊虫，并非易事，被蚊虫叮咬在所难免。为什么肥皂水能止痒？

第三章
越玩越灵巧
——考前脑力减压

第一节　考前推理缓解大脑压力

1 这年春天，张先生来到小镇避债，身边还带了张太太。

不幸，张先生被匪徒绑架了。

匪徒要张太太到小镇唯一的银行提款，声言要 100 万美元，并命令她不要报警，否则会杀了张先生。张太太很是惊慌，她来到银行，见附近有匪徒扮成顾客监视着，便不敢向银行经理递字条。

但她不断递眼色告诉经理，提示他去报警，只是经理不加理会，顺利地替她办完手续。

结果银行职员数了 100 万元美金给张太太。

匪徒致电她手机，叫她把钱放入门前的垃圾箱内。

不久，匪徒告诉她，说她丈夫在五千米外的另一小镇等她。张太太会合了丈夫后，马上报警。

警方在银行附近的垃圾箱内找回了所有钱款。那么这就奇怪了，为什么匪徒没有去拿赎款？

2 四川府兴安县的谢临川，状告清泉县人谢嗣音的祖父。谢嗣音的祖父原来是他家的仆人，后来偷了他家里的钱财逃跑了，现在在原籍清泉县找到了他，希望发公文提取人犯回去服役。

官府拿来卖身契，尚有家人的姓名册上，有谢嗣音的祖父、父亲和叔叔。官府见证据确凿，正准备定案，忽然有个老秀才走了进来，说他是本县西乡人，虽然自己久试不中举，但自认为尚有许多学识，想看看谢嗣音的卖身契。秀才看了一会儿，回去对谢嗣音说："这个案子乍看虽然很严密，但里面有大漏洞。如果指出来，你就可以转败为胜了。"谢嗣音赏给他重金，他才把漏洞说出来。

请问：卖身契上的漏洞是什么？

3 一天，某市郊出租房内发生了一起惨绝人寰的谋杀案。死者是一名女性，今年 22 岁，她被人杀死在自己家中，尸体被人肢解成了多块。

死者是在本市的一家酒店工作，人很老实，平时除了上班没有什么应酬，也从来不和同事出去玩。发现尸体并报案的是死者的母亲，她不放心女儿一个人在外打工，所以每个月都来看望女儿一次，结果这次看到的却是女儿被肢解的尸体。死者的母亲虽然是个其貌不扬的老太太，但是很坚强，面对惨死的女儿并没有像其他遇害者家属那样哭天抢地，而是忍着泪水恳请警方尽快捉拿凶手。

警方在调查的过程中发现了一个疑点，首先是死者的死亡和尸体被肢解的时间间隔了三天。死者大概是四天前遇害的，却是在昨天被肢解的。再有就是死者的母亲是两天前乘车来到本市的，但是却直到今天才报案。她在本市除了女儿再没有其他亲戚朋友了，那么这期间的一天一夜她去了哪里。她行踪不明的这一天是否和隔了三天被肢解的尸体有什么联系。这一切都成了困扰警方的一个谜团。聪明的读者，你们能够猜出其中的真相吗？

4 周一上午，环球宾馆服务小姐欲进 1501 套房打扫卫生，她反复按门铃通知客人，可客人台商卓先生一直没有应答。服务小姐请来保安一同开门入内，发现卓先生已死在床上。

刑警、法医勘察现场，初步认定卓先生是在睡眠中因心力衰竭而死亡，死前曾大量饮酒并服下安眠药。从服务小姐处了解到，卓先生患有严重失眠症，每天睡前均服用安眠药。从卓先生公司同事处了解到，卓先生无心脏病史，死前晚上曾赴过医生朋友的生日酒会。

警察到医生家调查，医生坦陈昨晚与卓先生一起在饭店饮酒，但不是什么生日酒会，而是朋友小酌。卓先生服用的安眠药也是他提供的。警察问不出什么线索正欲离去时，却发现医生的妻子听说卓先生死讯时神情异常。于是警察展开秘密的侦查，终于发现医生的妻子是卓先生的情人，而医生也已察觉他们的奸情。再访问卓先生公司同事，同事证明亲耳听到卓先生与医生通电话时，是说去赴生日酒会。

这"生日"酒会有什么阴谋？

5 最近几个月，鬼楼传说传得沸沸扬扬。事件最开始源自市区某沿街小区顶楼传来的诡异哭声，每天一到半夜，从顶楼一个没有住户的房间就会传来女子凄厉的哭声。起初，几个胆大的居民还结伴上去看了看，甚至找锁匠打开了房门，但是进到屋内，发现屋里根本没有半个人的踪影，而且连家具也没有，只有在房间角落胡乱堆放着一些鞋盒纸箱之类的杂物，但是那里面根本藏不了人，就在几个人诧异之时，房间里再次传来了哭声，这几个人一下子好像炸开锅一样纷纷夺门而逃。

从那以后，顶楼的房间依旧每夜都传来哭声，但是再也没人敢上去查看了。几个星期后，第一户居民不堪压力搬离了这栋闹鬼的楼房，这就犹如一个导火线一样，之后的几个月内，每天都有居民陆陆续续地搬走，就这样不出三个月，这座楼就已经人去楼空，没有一个居民了。

搬走的居民或打算出租或出售，都把自己在鬼楼内的房间在房产中介那里登了记，但是因为闹鬼的传闻，所以就算是低于市价的一半也没人肯租或者买。

可是，这个世界上真的有鬼吗？鬼楼传说的真相又是如何呢？聪明的读者们，你们知道吗？

6 今天是小明的生日。他的父母在他四岁时就离婚了，他被判给了他爸爸，但是他的妈妈每当他生日的时候都会给他寄来贺卡和礼物。但是今年的生日，小明却再也收不到礼物了，因为就在几天前，他母亲在一次外出时被一辆大卡车撞死了。小明拿出他珍藏的之前妈妈寄给他的六张贺卡，忍不住流下了眼泪。

几天后，小明被警察逮捕了，理由是他杀死了那个撞死他母亲的肇事司机。

看到这里，细心的读者可能会察觉到不对劲了，小明四岁时父母离婚了，之后每当生日母亲都会给他寄来贺卡，在母亲被撞死之前，小明一共只收到了 6 张贺卡，说明他此时的年龄应该是 4 + 6 = 10 岁。那么一个 10 岁的孩子怎么可能杀死一个成年的卡车司机呢？

7 一天，某别墅内发生了一起命案。死者是别墅的女主人，她死在卧室的床上，床边的地板上溅满了鲜血。死者被利器划破颈动脉，但是这并不是她的死因，死者真正的死因是因为凶器上涂有氰化物，凶器在划破死者颈动脉的同时，氰化物毒素进入死者的血液内导致了死者的死亡。死亡时间是凌晨 2 点。

发现死者并报案的是死者的丈夫，他是一家电脑配件公司的技术员。据其交代，他在案发当晚去了朋友家打牌，一直玩了一个通宵，这一点得到了他几个牌友的证实，证明其当晚除了去了几趟厕所外，没有离开过那个朋友的家，而他朋友的家距离案发现场起码有一小时的车程。

本来死者的丈夫有着最大的嫌疑，但是因为他有牢固的不在场证明，所以让调查陷入了僵局，这时一个警察在死者床边的血迹中发现了一个奇怪的空白痕迹，大小和一个烟盒差不多，似乎有东西曾经掉落在地上然后被血迹溅到，后来被人拿走了。根据这个线索，警方终于确定了凶手，也就是死者丈夫。问：死者丈夫的不在场证明是怎么回事？

8 "梅姑小姐，请收我当您的徒弟吧，我想拜您门下当徒弟。"某日，一个俊俏的青年来到梅姑的住处诚恳地请求说。

"要想当我的助手，必须经过考试才行。那么，先出个题考考你吧。"梅姑说着拿出三个完全一样的珠宝箱，放到桌子上，箱盖上分别别着标签，上面写着"钻石"、"红宝石"、"蛋白石"。

"可是，箱子里装的东西与外面的标签内容完全不同。现在不知道哪个箱子里装的是钻石，哪个里面是红宝石和蛋白石，要想使箱外的标签与箱内的东西一致，你至少要打开其中的几个箱子才能搞清楚？怎么样，够难的吧，你如果能通过我就答应你做我的徒弟。"

9 5月12日，N市的一家银行被盗了。警察抓到了四名嫌疑犯，对他们进行了审讯。每个人都只讲了四句话，并且都有一句是假话。现照笔录记述如下：

约克："我从来就没有到过N市。我没有犯盗窃罪。我对犯罪过程一无所知。5 月 12 日我和瑞利一起在 P 市度过的。"

凯曼:"我是清白无辜的。我在 5 月 12 日那天与瑞利闹翻了。我从来也没有见过约克。约克是无罪的。"

哈桑:"凯曼是罪犯。瑞利和约克从来也没有到过 P 市。我是清白的,是约克帮助凯曼盗窃了银行。"

瑞利:"我没有盗窃银行。5 月 12 日我和约克在 P 市。我以前从未见过哈桑。哈桑说约克帮助凯曼干的是谎言!"

请你根据四名嫌疑犯的上述供词,指出谁是盗窃犯。

10 影坛大明星山口申子不幸在一次大爆炸中炸瞎了双眼,又毁了容貌。男友觉得让她活着实在是活活在折磨她,产生了让她结束生命的想法。于是他去委托好友,帮他处理这件事情,但要造成是自杀的假象,他好友一口答应。

晚上 9 点半,护士查完病房离去。这人就悄悄潜入房内,将女明星抱至窗口,留下她的指纹,扔了下去。刚过了 10 点,那好友气喘吁吁地跑了回来,说已完成得非常漂亮,请他不必担心。可是第二天,"山口申子之死"见报了。警方确认是他杀,并开始调查。男方急找那个好友,问他昨夜的事出了什么差错。好友回忆道:"没有啊,我潜入病房时,她面部都缠着绷带,睡得很香,把她扔下楼时,我特地在窗口上留下她的指纹,制造了自杀的假象,可以说一切做得天衣无缝,警方怎会准确判断是他杀呢?"

你能猜出破绽出在哪里吗?

11 大自然是一座神秘的迷宫,在这座迷宫里,有的罪犯并无罪。你听了一定会感到迷惑不解吧。那好,让我来讲一则令人不可思议的外国奇闻。在南亚的某个国家里,有大片大片的森林。许多年以来,在大森林区里，一直发生着神秘的纵火案，一片片森林被烧毁。即使刑警们使用了最为先进的侦查手段，也始终未曾捕获过一个作案者。

一天，纵火犯终于被抓到了，当"犯人"被带到被告席上时，却令人啼笑皆非。

你能猜出谁是纵火犯吗？

12 在布朗神父的教区，有一位叫杰姆的农夫。爱妻早逝，杰姆心灰意懒，失去了生活的勇气。但是，基督教禁止自杀。如果是自杀，就不能和妻子在一块墓地合葬。

在妻子的忌日，杰姆在院子里中枪而死，尸体旁边没有凶器。经过搜查，在离杰姆尸体约10米的羊圈中发现了那支手枪。可是，如果杰姆是用手枪射击自己头部自杀的，他不可能在枪击之后，再把手枪藏到10米外的羊圈里。警察断定是他杀，使杰姆如愿以偿。但是，布朗神父一眼就识破了事件的真相。

"杰姆这家伙，企图欺骗我。可我不是睁眼瞎。尽管如此，我成全你的愿望，把你和妻子合葬于教会的墓地，同归天国为好。阿门。"羊圈栅栏门并没有打开，羊不能也不会出来把枪叼进羊圈。那么，杰姆是用什么办法将手枪藏到羊圈的呢。

13 在一个雪花飘絮的寒冷的中午，法国克拉蒙城"红玫瑰"夜总会的老板波克朗来到他年轻的情人玛特兰的住所。一进屋，波克朗不禁大吃一惊：只见玛特兰手脚被捆着绑在床上。"到底出了什么事？"波克朗急急地问，并边说边为自己的情人解开绳索。"昨晚10点左右，一个蒙面歹徒闯进了我的房间，把我捆绑之后，将你存放在我这儿的珠宝抢走了……"她一边哭一边说着，凄凄惨惨的满脸悲伤神色。波克朗心里禁不住暗暗咒骂道："这该死的蒙面强盗！"他环视着情人房间的四周，一切如旧，取暖的炉子上一把水壶仍在冒着袅袅蒸汽。

波克朗拨通了警察局的电话，5 分钟后，警长斐齐亚带着两名助手赶到了现场。"房里的东西，你未动吗，波克朗先生？"警长首先问了一句。"当然。保护现场，这我懂。"波克朗回答。"那好，我告诉您，您的情人对您撒了谎，是她自己捆上手脚而谎称蒙面歹徒作的案。""火眼金睛"的警长从现场发现了证据，于是说了这番肯定的话。

警长裴齐亚在现场发现了什么证据？

14 女盗梅姑从芝加哥美术馆轻而易举地盗出一幅世界名画，驱车上了高速公路向东逃往纽约。

进了纽约州后，在汽车餐馆吃了点儿东西，没想到却在那里碰上了团侦探。

"哟，真是千里有缘来相会呀，没想到又在这儿相见了，是驾车旅行吧？"团侦探凑到同一张桌上搭讪。

"是的。刚好……哎呀，怎么都这个时间啦。对不起，我失陪了。"梅姑看了看手表，慌忙起身要走。团侦探一把抓住她的手腕拦住了她。

"那件事不是已经干完了吗，还是不必那么急着走吧？""啊，你指什么？"梅姑心里惦记着放在汽车后备箱里盗来的画，可表面依然故作镇静。"刚刚电视新闻里说，昨天夜里芝加哥美术馆的一幅名画被盗，难道那不是你的拿手好戏吗？我不是警察，你老实跟我说。"团侦探盯着梅姑的脸，笑呵呵地说。

"你这是什么话！我这一个星期根本就没离开过纽约。""装傻也没用，你去过芝加哥，你手上的表已经告诉我了。"团侦探直截了当地挑明了。

那么，团探长的理由何在？

15 著名侦探波尔博士出了个案例：

我有个案子，被人动过手脚，看起来像是自杀。杜菲的尸体于晚上8时在公园的一张椅子上被人发现，一颗子弹穿过他的左鬓角。他的右臂自一月前的一次意外事故之后，从指尖到肘部都裹上了石膏。尸体被发现时，这只骨折的手臂摆在膝盖上，左手握着一把手枪。

我判断凶案大约是发生在晚上7时，我从死者口袋中的东西，推断他是在浴室中被谋杀的，然后移尸到公园。我看出杜菲的衣服是他断气之后才穿上的，所以他断气时必定没有穿衣服，应该是在洗澡时被杀的。他浴室里的血迹，证明了我的推断。

你一定会问：杜菲口袋中什么东西证明他是被谋杀，而不是自杀。他的左裤袋里有4张1元的纸币折在一起，还有5角2分硬币；他的右裤袋里有一条纸巾和一个打火机。

你能看出凶手出了什么纰漏吗？

16 美国加州奥克兰市。

一天下午，在当地两名警察的协助下，探长西科尔和助手丹顿小姐于森林公路中段截获了一辆走私微型冲锋枪的卡车。经过一场激烈的搏斗，4名黑社会成员有3名当场被擒获，而此次走私军火的首犯巴尔肯被丹顿小姐的手枪击中左腿肚后逃入密林深处。西科尔探长立即命令两位地方警察押送被擒罪犯往市警署，自己带领助手深入密林追捕首犯巴尔肯。

进入密林后，两人沿着点点血迹仔细搜捕。突然，从不远处传来一声沉闷的猎枪射击声和一阵忽隐忽现的动物奔跑声。看来，这只动物已经受了伤。果然，当西科尔和丹顿小姐持枪追赶到一块较宽敞的三岔路口时，一行血迹竟变成了两行近似交叉的血迹左右分道而去。显然，逃犯和动物不在同一道上逃命。怎么办？哪一行是逃犯的血迹呢？丹顿小姐看着，有些懊丧起来。但探长西科尔却用一个简单的方法，便鉴别出了逃犯血迹的去向，最终将其擒获。

请问，西科尔探长用何法鉴别出逃犯的血迹。

17 夕阳西下，美国弗吉尼亚州的原野上，阿伯纳策马而行，奔往 G 城。途中的一株枯树上，捆绑着一个死去的牧马人。牧马人的嘴被堵着，脖子是用三根牛皮条捆住的。显然是由于脖子被勒住后窒息而死的。

阿伯纳大叔解开绳子，把尸体放在马上，运到 G 城的保安事务所。经检验，保安人员推断死亡时间是当日下午 4 点钟左右。

第二天，保安人员逮捕了一名嫌疑犯。但是，经过调查，这个人从昨天中午到死尸被发现这段时间，一直在 G 城。有人证明他一步也没离开 G 城。因为有人证明他不在场，所以，尽管嫌疑很大，也不得不释放。保安人员十分为难。

"保安先生，所谓罪犯不在现场是一个骗局。"阿伯纳三言两语，便真相大白。

罪犯使用什么手段制造骗局。并且没有同案犯，罪犯是单独犯罪。

18 女盗梅姑有赛车的驾驶证，所以像平常摆脱警察巡逻车一类的追捕根本不在话下。

但是，今晚奔逃这台戏就不太好唱了。因为事情是发生在只有一条单行铁路支线的乡村，要摆脱警察巡逻车的追击，既没有岔路，加之监听到了警察巡逻车内的无线电话，说是所有路口都被封锁了，所以驾车技术再怎么高也无济于事，就这样钻进了封锁区，成了袋中老鼠。

当来到铁路支线的无人道口时，不走运，正赶上横杆放下，梅姑只好停下心爱的赛车焦急地等待着末班夜车通过。

突然她心生一计。顺利摆脱了警察的追踪，也没受到封锁线的阻截。

19 警官史特勒手持一份案件的卷宗走进了警长格奥格的办公室，将其恭恭敬敬地放在上司的桌上。

"警长，4 月 14 日夜 12 时，位于塔丽雅剧院附近的一家超级商厦被窃去大量贵重物品，罪犯携赃驾车离去。现已捕获了 a、b、c 三名嫌疑犯，请指示！"

格奥格警长慈祥地看了得力助手一眼，翻开了案卷，只见史特勒在一张纸上写着："事实一，除 a、b、c 三人外，已确证本案与其他任何人都没有牵连；事实二，嫌疑犯 c 假如没有嫌疑犯 a 作帮凶，就不能到那家超级商厦作案盗窃；事实三，b 不会驾车。请证实 a 是否犯了盗窃罪。"

格奥格警长看后哈哈大笑，把史特勒笑得莫名其妙。然后，格奥格三言两语就把助手的疑问给解决了。

请问，警长是怎样判案的呢？

20 侦探维力斯一觉醒来，已经后半夜两点多了。他倒了一杯咖啡，刚要喝，电话铃响了。

"哈罗!"他问道,"哪里。""我是利马公寓。侦探先生,我们这里发生了一起抢劫案!""我马上到!"维力斯挂了电话,赶往出事地点。公寓门口,打电话的人正在等候。"是这样的:我是这里的夜间值班人。一刻钟前,这楼里突然断电,我刚要出去察看一下原因,一伙人冲了进来。看见他们人很多,我忙躲到储藏室内。他们直奔外出不在家的卡玛先生和埃利尔先生的房间;撬开保险柜,偷走了卡玛先生的 200 万元和埃利尔先生的'狂狮'牌金表……""这些罪犯有什么特征没有?""有,他们一共 5 个人,为首的一个好像是英国人,蓝眼睛,左脸上有块痕。""你真的看清楚了?""是的,因为他手里拿了一个电子电筒,当他的手电光从门缝射进时,我借着手电光一眼就注意到了。"维力斯冷冷一笑:"你说谎的本领并不高明!收起你这套贼喊捉贼的鬼把戏吧!"你知道维力斯侦探为何这样说吗?

21 初夏的一个晚上,因一个案子的调查,私人侦探团王郎访问了电视演员北厚美保子。她住在豪华公寓的最顶层。

"请问昨天下午 3 点左右,您在哪儿?"团王郎请她提出不在现场的证明。

"在平台上写生来着,就是这幅画。"美保子给他看放在画架上的一幅油画。画的是从楼顶上仰视摩天饭店的景观,画得很在行。"因交通事故住了三个月医院,前天刚出院,所以从昨天起一直在画画,也好解解闷儿,而且连续大晴天,是多好的日光浴呀!""怪不得脸黑红黑红的,显得挺健康的样子,我想也是晒的。现在几点啦?不巧我忘了戴表。"团侦探若无其事地问道。

"六点半。"美保子看了看戴在左手腕的手表答道。她的左手指好似白鱼一样白皙细嫩，美极了，粉色的修长的指甲也格外漂亮。

她察觉到团侦探敏锐的视线在注意自己的手，"我的手怎么啦?"她不安地问道。

"不由得被您漂亮的指甲迷住了呵，您是右撇子吧?""嗯，是的，那又怎么啦?""您晒了两天日光浴，并画画，可左手却一点儿也没晒黑，我觉得有些奇怪。""左手因端着颜料板，所以没晒着哇。"美保子话说一半，突然觉得说走了嘴，慌忙闭了口，那么这是为什么?

22 某日晚，女盗梅姑溜进黑帮据点，轻而易举地盗出 5 块金砖，每块重达 10 千克。然后装到汽车上逃走了。但运气不佳，被黑帮发现了。

打手们马上出动两辆汽车在后紧追不舍，梅姑开足马力沿着海岸线公路逃跑，但对手也不甘示弱在后面紧紧咬住不放。当来到一个急转弯处时，也许是方向盘失灵了，突然梅姑的汽车像脱了缰的野马撞断道路护栏，在空中翻个跟斗栽进 15 米深的大海。

"啊，掉下去了。"打手们在被撞断的护栏前停下车，从悬崖缺口处往下看。夜晚的海面只见翻滚的海浪，从沉入海底的车子处冒出一串串儿的气泡。

"那个女盗也许会从汽车里爬出来，你要好好盯着。一浮出海面就开枪打死她。"黑帮头子命令说。

可是，海面一直没发现梅姑的踪影。"这下子，那个梅姑可是一命归天了。"打手们在一旁说。"梅姑她死不死算个屁，要把金砖捞上来，快去取潜水衣。"黑帮头子又命令说。一个小时以后，黑帮一伙穿好了潜水衣钻进大海。虽然马上发现了沉入海底的汽车，但车子里是空的，别说梅姑的尸体，连金砖的影子也未见到。

"怎么会有这等怪事，即便梅姑的尸体被潮水冲走了，可50千克重的金砖是不可能被冲走的。也许是车子掉进大海时甩出车外了，再仔细找找。"按照黑帮头子的命令，打手们上上下下在海底找了好几遍，仍然一无所获。

那么，沉入海底的梅姑和金砖到底哪里去了呢。

23 莫里斯·勒布朗是英国侦探小说家，他笔下的阿森·吕班，是个神出鬼没的怪盗。某夜，吕班潜入S公爵的住宅，从三楼卧室偷出一份重要的外交信件，正要离开房间，听到门外有脚步声——S公爵参加晚会归来。吕班进退维谷。

窗下有一条运河。若跳进运河就可以脱身，但顾虑外交信件会被弄湿。踌躇中，看到自己的帮手在对面的大楼窗口等待接应。吕班灵机一动，打算先把信件递给帮手，再只身逃走。他钻到窗外，站在窗台上，探身，伸手，很遗憾，还差七八十厘米，够不着。手边又没有杆子或棍子之类的工具。对面楼的窗台很短，跳过去也没有落脚之处。把信件扔过去，又担心被风刮跑。

"有了！就这样干。"吕班急中生智。什么工具也没有，就把外交信件递给了帮手。然后，只身跳入了运河之中。

你可知怪盗想了个什么鬼点子吗。

24 星期六下午2点左右，某亿万富翁的家里进了窃贼，盗走了古埃及的秘宝。从作案手段看，很像是女盗梅姑所为。团侦探很快找到了梅姑。当问及不在现场的证明时，梅姑拿出一张照片，做了如下回答：

"如果是星期六下午2点，我正在赛马俱乐部呀，这就是当时的照片。我正在上马时朋友给拍下来的。你瞧，纪念塔的大钟指的是 2 点吧。所以，我可不是罪犯哟。"然而，团侦探只扫了一眼照片，便看出了名堂。

"这么张伪造的照片是骗不了人的。这是上午 10 点钟拍的。"那么，照片上什么地方不合情理呢？

25 夜里，伦敦埃奇韦尔路的一幢大厦内发生了命案。警方根据目击证人的口供，很快便找到疑凶比希。以下就是负责侦破此案的科克林警官在审讯、盘问疑犯比希时所做的笔录：

科克林："凶杀案发生时，你在哪里？"比希："我正在家中津津有味地看电视。"科克林："有无证人？"比希："没有。但我可把节目内容说出来——当时正播映故事片《断箭》，情节是两枚核弹被人偷走，急需追回……"科克林："你是住在机场附近的，那时应该有一班客机经过你的寓所。"比希："喔，那有什么关系？"科克林："你的电视图像有什么变化吗？"比希："没有。我的电视机刚买了一个月，是名牌货。"科克林："你正式被逮捕了！"
请问，科克林警官为什么要这么做呢？

26 一天夜晚，小偷钻进邮局旁边的冷饮店，偷出 200 镑纸币。他逃出冷饮店，还未跑出 10 米，就碰上了从胡同里出来的警察。警察见他形迹可疑，就把他带到附近的警察局。

正巧，冷饮店的老板也来警察局报案，警察便更加怀疑他是小偷，马上进行搜身。令人不解的是，小偷竟然身无分文，没有证据，只得将小偷释放。

冷饮店被盗的当天晚上，小偷把 200 镑纸币藏在哪里了呢？当晚释放小偷后，一直有警察盯梢，未曾看到小偷返回作案现场同时也可以确认小偷没有同案犯。

你能从小偷只偷纸币，不偷硬币，悟出他的作案方法吗？

27 萨勒正在寓所用餐，只见帕森尼小姐尖叫着"救命"闯了进来，上气不接下气地叫道："太可怕了……小偷盗走了我的毕加索名画，吓死我了……"她头发湿漉漉的，毛巾浴衣下双踝还淌着水珠。

萨迪来到她的浴室看着，听她详细叙述着，刚才她在浴室里淋热水浴，门窗都是紧紧关着的，当她洗完澡穿上浴衣，门突然被猛力撞开，她从镜子里看见一张肥大、通红、粗糙的脸，咧开大嘴对她阴笑。她以为强盗要杀自己，可那家伙却反身"砰"地关上门走了。她从浴室回到客厅，发现一幅毕加索的名画不见了。萨勒是位经验丰富的警探，他听罢帕森尼小姐的叙述，认定她报的是假案，便一言未发地走了。

你能猜出帕森尼何处露了马脚吗？

28 从 A 站正点发车的夜行货物列车，晚点几分到达 B 站，机车副驾驶从 D51 型蒸气机车上下来向站长报告说："不得了了！山田司机在机车正在行驶时从车上逃走了。"大吃一惊的站长，马上与 A 站联系，两方派护线员沿路寻找，仍没有找到山田司机的下落。

沿线两侧是皑皑积雪，如果是跳车逃走的话，照理雪上会留有痕迹的，但却找不到。当然，该货物列车的所有车厢也找过了，还是没有找到司机的行踪。

那么，山田司机到底跑到哪儿去了呢？

列车从 A 站发车时，司机的确在机车上执勤。

29 女盗梅姑从贵金属店的地下金库里盗出了 100 千克金块，企图放在轿车里，连车一起装上货轮运往国外。

可是，团侦探搞到了这一情报，迅速通报了警方，刑警立即赶往码头，在装船前将梅姑的车扣了下来。

"请稍等一下，你们要干什么？我这车上可没装任何违禁物品呀！"梅姑抗议说。

"你说谎，从贵金属店盗来的金块就藏在上面吧。是团侦探告诉我们的，肯定不会错。"刑警们搜查汽车里面。可是，搜来搜去，连1克金块也没找到，轮胎和座椅也都检查过了。一无所获的刑警们颇感失望。

"你们瞧，这个团侦探也是老朽昏聩了，竟向警察传递这种捕风捉影的情报。哈哈哈……"梅始嘲笑着。这时，团侦探刚好赶到，他看了一眼汽车。

"你们是怎么搜查的，黄金不就在你们的眼皮底下吗？"团侦探一眼就看出了名堂，"梅姑小姐，太可惜了，金块我们可全部没收了，头脑昏聩的好像是你吧，不过。请你放心，这些金块是否是从贵金属店盗来的，我们还无法证实，所以还不能向你问罪。""唉，再早一点儿也许就没事了……"梅姑跺着脚，后悔不迭。

那么，女盗梅姑到底将100千克的金块藏到哪儿了呢？

30 大侦探布里克森，在街上溜达时遇上了同乡拉平。拉平牵着一条普通的牧羊犬。为了还赌债，拉平想将此狗高价卖给布里克森。"老兄，我这条狗的名字叫麦克，它可非同一般啊！"拉平接着绘声绘色地往下说，"在我家的农场旁边，有一条沿着山崖修建的坡度很大的铁路。一天，有块大石头滚到铁轨上，此时远远见一列火车飞快冲来。我想爬上山崖发警告信号，可扭伤了脚摔倒在崖下。在这紧急关头，我这宝贝狗麦克飞奔回家，拽下我晒在铁丝上的红色秋衣，叼着它闪电般冲上山崖。那红色秋衣迎风飘扬，就像一面危险信号旗。司机见了立即刹车，这才避免了一场车翻人亡的恶性事故。怎么样，我这宝贝麦克有智有谋，非同一般吧。"拉平正欲漫天要价，不料话头被大侦探布里克森打断："请另找买主吧，老弟，不过，你倒很会编故事，将来定是位大作家！"这显然是讽刺之言。

请问，大侦探为何要讽刺卖狗人拉平呢？

31 米高是一名私家侦探，这天的傍晚，他一个人到酒吧喝酒。

他的目光，很快被坐在邻桌的一个漂亮女子所吸引，这个女子大约二十五六岁，打扮入时，化了很浓的妆，而且手指甲上涂了透明的指甲油，独自在喝酒。米高觉得这个女人似曾相识，但又记不起是谁。

直至那个女人离开座位，米高才突然记起这女人名叫苏珊，是个诈骗犯，正被警方悬赏通缉。米高立即起身追出去，但那苏珊已无踪影。

米高于是向警方报案。警察到场以后，立即展开了调查，他们把女子喝酒的酒杯加以检验，但是，上面竟然没有留下指纹。"奇怪，那个女犯喝酒时戴着手套吗？"警察问道，"不，她没有戴手套，而且，也没贴胶纸那一类的东西。"米高回答说。

"那到底是怎么一回事呢？"警察迷惑地自言自语。

聪明的读者，你知道吗？

32 国际刑警拘捕了大毒犯罗拔。警察审问道："上个月的15号，你在非洲的撒哈拉沙漠中带领一队人偷运海洛因，是否有这回事？"

"警官先生，你弄错了吧，上个月15号我在中亚细亚的戈壁沙漠。"

"是吗？你有什么证据？"警察追问。"当然有。"罗拔一边说，由口袋中取出一张照片，那是他骑在一只单峰骆驼之上，"这就是我的蒙古向导帮我拍摄的，不信的话，你可以去找他查问。"警察看了照片，猛一拍桌："你撒谎！"

请问，警察为什么这么说呢？

33 从东南亚回国的洋一，从机场径直回到自己的寓所后，便躺到床上休息，这时，女朋友久美子来了。

"怎么啦？那么没精打采的。""去国外旅行累的。""是在国外又见异思迁了吧？""别开玩笑，还是让你看看这个吧。"洋一从口袋中拿出一盒奶糖。

"这每颗奶糖中都藏有一颗钻石。我把奶糖开了个洞，将钻石埋到里面，一共六颗。大概值5000万日元。""在机场海关没被发现吗？""怎么能被发现呢，一看是糖，连检查都不检查。""可怎么将钻石取出来呢？""放到嘴里，糖一化了钻石不就出来了，还甜哩。"洋一得意扬扬。

久美子见此突然改变了主意。她在咖啡里掺了毒将洋一毒死，然后挟钻石逃走了。当然，没留下任何证据。

洋一的尸体，翌日被发现。三天后，久美子也很快被逮捕。

当时，她正在医院就诊，在等结果时，警车赶来。将她护送到某场所后，刑警说："你以毒杀小林洋一嫌疑被逮捕了。""有什么证据说我是凶手？""这个，这个就是证据。"刑警将医生的诊断书递过去。她一看诊断书，吃惊得昏了过去。

这是为什么？

34 在一幢不大的楼前出口处，团侦探和女盗梅姑不期而遇。

"哎呀，真是少见呵。"

"喔唷,是团先生!好久不见了。您来此办事呀?""我把记事本忘在地下三楼的公用电话旁了,正要回去拿,你呢?""哎呀,我也是呀,我的通讯录忘在了三楼公用电话旁了。怎么样,团先生,咱们来场比赛吧!"梅姑提议说。

"比赛什么?""不乘电梯,看咱们谁先取回来到正门,谁输了谁请客。""好吧,那就来吧。"说着,两个人同时奔向楼梯。可刚跑到地下室的楼梯口,团侦探却忽然停住了脚步。"糟了,上梅姑的当了。"团侦探后悔不迭。

那么,为什么?

35 4月上旬,正值 M 城走私活动猖獗之际,为了及时取缔这一犯罪活动,特警支队派出林云、苏华两位擒拿格斗高手化装成做黑市生意的人,在罪犯时常出没的邮电大厦左侧的小巷口,佯装兜售玉器古玩,等候鱼儿上钩。

不一会儿,从巷口对面的"吃吃看"小餐馆悠悠走来个提皮包的人。林云、苏华脑子同时一闪,这家伙不是通缉的在逃犯魏子平吗?于是三下两下地将他铐上了,并在他的皮包里搜出了一支手枪,还有一张写着"胖子逃树中不训话了"的奇怪纸条。

特警支队的破译专家很快断定,这张纸条是该走私集团的秘密联络暗号。经过周密部署,在公安局的协同作战中,终于当场捕获了这个走私文物的犯罪团伙,除了一害。

你能破译出那张纸条上暗示的接头时间与地点吗?

36 伊夫林·威廉斯医生在英国出生,小时候随父母移居美国,现在在纽约郊区的一幢大楼里开了家牙科诊所。

"多萝西·胡佛小姐昨天下午 3 点多钟来到威廉斯诊所镶牙。"巡警温特斯说，"就在医生给她的牙印模时，门轻轻地被推开了，一只戴着手套的手伸进来，手中握着手枪。威廉斯医生当时正背对着门，所以只听两声枪响。胡佛小姐被打死了。在案件发生一个小时后，我们找到了嫌疑犯。"开电梯的工人说，他在听到枪声之前的几分钟，把一个神色慌张的人送到15楼，那个地方正是牙科诊所。据电梯工描述，我们认为那个人正是假释犯伯顿，他因受雇杀人未遂入狱。警长哈利黛安问："把伯顿那家伙抓来了吗？""已经抓来了。"温特斯答道，"是在他住所抓到的。"哈利黛安提审了伯顿，开头就问："你听说过威廉斯这个人的名字吗？""我没听说过，你们问这干什么？"哈利黛安佯佯一笑："不为什么，只是两小时前，有位名叫多萝西·胡佛的小姐在他那里遇上了点麻烦，不明不白地倒在血泊中。""这关我什么事？整个下午我一直在家睡觉！"伯顿回道。"可有人却看见一个长得像你的人在枪响前到15楼去了！"哈利黛安紧逼了一下，目光似剑。"不是我，"伯顿大叫，"我长得像很多人。"他接着又说，"从监狱假释出来我从未去过他的牙科诊所。这个威廉斯，我敢打赌这个老头从来没见过我。他要敢乱咬我，我与他拼命！"哈利黛安厉声道："伯顿，你露马脚了，准备上断头台吧！"你能猜出罪犯的申辩中何处露了马脚吗？

37 女盗梅姑坐在特快列车的一节卧铺车厢里。深夜2点左右，当其他旅客熟睡之际，她钻进了3号车厢的12号单人房间。溜门撬锁对于梅姑来说是轻而易举的事。

床铺上贵金属店的男子正蒙着毛毯打着呼噜睡着，枕头下面放着一个显眼的皮箱。在这个精巧的小型皮箱里面，装着4根各重10千克的金条。梅姑轻轻地将皮箱抽出，离开房间，回到自己住的 4 号车厢。

这趟特快列车到达下一站 M 车站的时间是早晨 6 点钟，这期间不停车。12 号车厢的那个男子醒来时发现皮箱被盗是 5 点钟。他慌忙报告了列车员。幸好车上有乘警，立即与列车员分头在列车内进行查找。

此时，大多数旅客睡得正香，也只能一一叫醒进行盘查。同时请下一站 M 车站的警察协助检查下车旅客携带的物品。这次列车的车门是自动控制的。窗户也是封闭式的，旅客是无法打开的。罪犯携带 40 千克的金条只能等列车到达 M 车站时才能下车。

可是，在 M 车站下车时，梅姑手里只拎了个手提包。当然，手提包被严格检查过，但里面装的全是化妆品一类，所以没受任何怀疑地出了检票口。但是，说来也巧团侦探正好也在车站月台上。他是从待命的警察那里听到了金条被窃的。而且，在列车进站后，他从下车的旅客中见到了梅姑的身影。于是他决定放弃旅行，从后面追上了刚出检票口已到了出租车站前的梅姑。

"干得真漂亮啊，快领我去找吧。"他向梅姑耳语说。

梅姑大吃一惊，"啊，领你到哪儿去呀?"她佯作不知。

"去取金条呀，我也跟你一起去。不过请你不必担心，我向警察保密。我的意思是悄悄地把金条送回贵金属店，这样可以拿到一笔报酬。至于这笔钱嘛，我们俩人平分。"团侦探笑呵呵地说。

"在这碰上你算是我倒霉。没办法，又让你看穿了。"梅姑老实地承认了，并和团侦探一起坐上了出租车。那么，梅姑到底将盗来的40 千克金条，藏到什么地方带出列车的呢。顺便交代一下，列车内并无梅姑的同伙。

第二节　考前侦探游戏增强大脑动力

1 一天，某侦探团的团长接到报案。

"团长，这回你一定要帮我啊！他平时和别人没有什么仇，怎么会……"电话里的妇人泣不成声。

"你先别急，也别哭。保护好现场，我马上就到。"

团长在 30 分钟后赶到凶案现场。

死者叫贤鱼仁，性别男，死因是后脑勺受猛烈撞击而死。现场是他的家。桌子上有一个大蛋糕，蛋糕上的蜡烛闪闪发光。有一个打破的酒瓶子，瓶子上还残留着血迹。

"他平日人缘很好，这次他为我庆祝生日，还特地买了蛋糕。但我的公司临时找我有事。所以我提前离开了。但是还没有切蛋糕。他说等我忙完回来再切。结果……我忙了三个小时才忙完，一回家就看到他倒在蛋糕边。我上前一看，就发现他已经死了。团长，这回你可一定要帮我啊。一定是他的弟弟干的。他的弟弟问他借了 30 万元钱，前两天还要来借 10 万元钱，我们不借。他就说……"

"行了行了，收起你那一套把戏吧，我已经看穿了。你就是凶手！"

为什么团长会知道妇人就是凶手？

2 某公司董事长不幸逝世。一天，一个男子拿着一张借据，对其妻子说："我是董事长的同学，3 年前，他向我借了 3000 元，这是借据。"借据上写着："因××向××借了 3000 元。借钱人××，2006 年 5 月 10 日。"妻子看过说："你再不走，我就报警了！"

问妻子是怎么发现借据是假的?

3 某小区这几天正在改造电路,所以每天都有突然停电的可能。一天晚上,一名导演正在审剧本时,被人用尖刀刺死。当警察赶到时,导演的尸体伏在桌子上,写字台上的简易日光灯还亮着,这是一台没有启动器的日光灯。但同时还有一只手电筒也是亮着的。

警察询问保安:"昨天夜里几点停电的?"保安回答:"晚上11点停的,大约停了四五分钟。"一名警官推测:"看来死者是在停电期间被害的,他正借着手电筒的光看剧本呢!"

警长却不同意他的看法,说:"一定是停电后又来电时被杀害的,也就是半夜12点左右。"那么警长为何这样推断呢?

4 A、B、C三个人是朋友,A在天津工作,B和C在北京工作,A有一天给B打电话,说要在周四那天去找他,B说周四那天要出门,大概要到下午2点才能回来,A说没事那就2点见。

然后A在周四那天下午的1点10分左右用公共电话打给B的家里,说自己手机没电了,不记得他的手机号码了,只能打到家里了,用的是京津特快列车的公用电话,说是已经买完13:30的票了,在等车呢。

因为B不在家,所以电话的答录机记录A的留言,并且在电话留言录音中可以清楚地听到候车室的广播和旅客的对话。

周五,在北京发现了C的尸体,尸检结果是死于钝器的击打,因为房间没有撬入的痕迹,所以推断为熟人所为。死亡时间推断为周四下午1点至1点30分左右。

因为A和C曾有纠葛,且C死亡的当天,A来过北京,所以对A进行调查,可是A有当天的电话留言记录和当日的天津至北京的往返车票，时间是下午 1 点 30 分从天津至北京的。

所以调查中断。

凶手就是 A，他是如何杀人的，如何制造出不在场的证明的？

5 一天，卡特给福尔摩伍打来电话，说自己珍藏的"黑便士"邮票被盗走了。

福尔摩伍立即赶到卡特家里。卡特告诉福尔摩伍，自己把"黑便士"邮票和其他珍贵邮票都放在收藏室的矮玻璃柜里。

今天上午家里来了个叫桑格的客人，卡特陪他去参观邮票。没想到，桑格突然从后面打昏了卡特，并撬开柜子，盗走了"黑便士"邮票。等卡特醒来时，桑格已经逃之夭夭了。

福尔摩伍仔细察看了矮柜，看到里面放了很多珍贵的邮票，只有一块地方是空的，估计是原来放"黑便士"的地方。而在柜子上还有好几处被撬的痕迹，看来这个窃贼花了不少工夫。

福尔摩伍直起身子，问道："你为'黑便士'投过保吗？"

"当然，这可是世界上第一枚邮票，价值连城，所以我为它投了 30 万元的保险，有什么问题吗？"福尔摩伍打了个响指，说："我说你是打算骗取巨额保险金，你不会反对吧？"

你知道福尔摩伍是怎么判断的吗？

6 从昨天半夜到今晨 4 点，受日本海台风影响，刮起了强烈的南风。

天亮的时候，风像是开玩笑似的停了。又是一个晴朗的早晨。

警长接到一起案件的报告后，立即派警员赶往现场——郊外住宅区 R 大学—教授的住宅。昨天夜里两点钟，强盗入宅抢走 3 万日元。

"暑假全家人都到轻井泽的别墅去了，只留下我一个人看家。"教授的长子，R 大学三年级的学生秋雄介绍说。

"昨天晚上，在有空调的会客室里，我一边喝威士忌，一边听唱片。因为困了，我不知不觉在沙发上睡着了。不知睡了多长时间，我突然感到喘不过气来，睁眼一看，有一个用毛巾蒙面的男人拿着刀对着我。不知什么时候，我的嘴也被粘胶纸条贴上了。蒙面人威胁说，如果要命就拿出钱来。没办法，我就把母亲给我的3万日元的生活费全部给了他。强盗用晾衣绳把我绑在沙发上后就走了。绳子很难解开，等我好不容易解开的时候，已经是早晨了。立即给警长打电话报告了此事。"

秋雄让刑警看了他因磨破而渗出血的手腕。

"强盗从哪里进来，又从什么地方逃走的?"刑警提问。

"从这个窗户。"

窗户朝南，有一扇是开着的，有一块玻璃被打碎。也许是强盗为打开插销将玻璃敲碎了。在靠近窗户旁边的桌子上有威士忌的空瓶和一只烟灰缸，缸内堆满了烟头和烟灰。

在沙发下面，乱七八糟地扔着粘胶纸条的碎片和晾衣服用的尼龙绳。

"强盗在打碎玻璃的时候，你没醒么?"

"嗯，没有醒。因为昨天晚上风刮得很大，窗户呱嗒呱嗒地响。"

"窗户一直开着，是强盗没有关窗户就逃了，还是后来你把窗户打开的?"

"是强盗打开窗户逃走的，我没有靠近窗户。"

"那么强盗离开的时候是几点钟?"

"2点40分。"

"确实吗?"

"确实，因为我看了那个钟。"

秋雄用手指了一下壁炉装饰架上的夜光钟。刑警却一直目不转睛地盯着他。

"到底怎么回事，你需要用钱却又不对父母讲，家人外出不在，你就编造强盗的谎言，骗取父母的金钱。这像什么样的儿子。这次宽容你。来吧，把藏起来的3万日元拿出来收好吧。"

为什么刑警识破了秋雄的谎言？秋雄疏忽在哪里？

7 有一天，大学生阿林在家里看书，突然响起了一阵急促的门铃声，他赶紧去开门。进来的是隔壁的露西太太，她可是远近闻名的刁妇。只见她气势汹汹地指着阿林嚷道："太可恶了！自己的狗也不管好！把我咬了！"

阿林莫名其妙，因为他的狗从来不咬人，而且今天一直都蹲在他脚边。于是，阿林问露西太太道："什么时候咬的？咬在哪里？我怎么没看见伤口？"

露西太太说："就在刚才经过你家门口时。"说着把她的裤子拉得高高的。阿林这才看到，露西太太的膝盖处有一处被咬的伤口。

阿林一下子就看出露西太太在说谎。

你知道阿林的证据是什么吗？

8 独身画家安尼和他的小猫生活在树林深处的一所房子里，已经30年之久了。

一次想到外地旅行的画家为这所房屋投了高额保险后，就将猫留在家里。结果几天后，就接到电话说他家发生了火灾，幸亏下了场大雨，火势才得以熄灭，否则损失的可不仅仅是他的房子和那只可爱的小猫。

从着火的现场看，小猫被关闭在密封的房间里，因没有猫洞无法逃脱而被活活地烧死。现场勘察结果表明，起火点是一楼 6 张席子大小的和式房间。可是房间里没有任何火源，也没有漏电的痕迹。煤气开关紧闭，又无定时引火装置。

细心的火迹专家在清理书架下面的地面时发现了一个破碎的鱼缸，在烧焦了的席子上发现熟石灰，于是火迹专家断定，这是一起故意纵火案。

谁是纵火犯？如何纵火？

9 某日，某国间谍在摸清了敌国某部队的驻守人数和武器装备数量后，就秘密地向总部发送情报。

间谍传递情报的方式很平常，他在一张便笺上写道：

> 董事长：就援助贵处球队外出拉练一事，明天六时请携定款到我宅谈。
>
> ——阿达

但这张便笺上实际就包含着间谍对总部传回的情报，那么你能猜出来这是什么情报吗？

10 贝尔克拉湖是世界上透明度最高的湖，有时甚至可以看到湖下 40 米深。有一天早晨 8 点，巡警 Jack 发现湖面上漂浮着一具尸体，尸体旁边有一艘倒过来的小船。经过调查，死者是附近的一名大学生，住在一栋离湖不远的公寓里，由于有恐高症，他住在一楼。平常和公寓里的人关系都挺不错。当警方问到他是否会游泳这个问题时，大家都说，他每个星期都去游泳馆，而且游技相当不错。于是有警察说，大概是他在划船时不小心掉入水中，发生心脏停搏才死亡的吧，因为即使在夏天，贝尔克拉湖的水温也是很低的。但是警官却不这么认为，你知道为什么吗？

11 "叮铃铃……" F 镇的警察局长给艾克斯博士打来电话，请求协助侦破一起无名死尸案。原来，这具无名尸体是在 F 镇旁一口水塘中打捞上来的，尸体已经腐烂，面目无法辨认。

当时正值盛夏，警察局长只好把尸体送到火葬场焚化了，留下的仅有几幅照片和简单的验尸记录。

随同尸体打捞出来的其他一些物品表明死者大概是本省人。

艾克斯博士经过仔细地观察，注意到这具男尸的骨头上有一些明显的黑色斑块。

他问警察局长："贵省有没有炼铅厂之类的冶炼工厂？"

得到肯定的回答后，艾克斯博士果断地说："局长先生，您尽管派人去炼铅厂所在的地区去调查好了。死者生前很可能是那儿的人。"

警察局长按照艾克斯博士的指点，果然在某炼铅厂查到了无名尸的姓名、身份，并以此为线索迅速破了案。

受到上级嘉奖的警察局长十分纳闷，博士依据什么从骨斑中判断出死者身份的呢？

12 有一家人决定搬进城里，于是去找房子。

全家三口，夫妻两个和一个 5 岁的孩子。他们跑了一天，直到傍晚，才好不容易看到一张公寓出租的广告。

他们赶紧跑去，房子出乎意料的好。于是，就前去敲门询问。

这时，温和的房东出来，对这三位客人从上到下地打量了一番。

丈夫鼓起勇气问道："这房屋出租吗？"

房东遗憾地说："啊，实在对不起，我们公寓不招有孩子的住户。"

丈夫和妻子听了，一时不知如何是好，于是，他们默默地走开了。

那5岁的孩子，把事情的经过从头至尾都看在眼里，心想：真的就没办法了？于是他又去敲房东的大门。

这时，丈夫和妻子已走出5米来远，都回头望着。

门开了，房东又出来了。这孩子精神抖擞地说了一句话。

房东听了之后，高声笑了起来，决定把房子租给他们住。

问：这位5岁的小孩子说了什么话，终于说服了房东。

13 业余侦探福尔摩伍和伙伴花生正在大街上散步，看见前面有两个人走在一起。仔细一看，这两个人是被手铐铐在一起的，原来是便衣警察抓了嫌犯，要回警察局。福尔摩伍递给伙伴一张照片，说："那个警察是我的朋友，这是他以前的照片，你能根据这张照片，判断出这两个人中，哪个是警察，哪个是罪犯吗？"照片中的警察是用右手拿枪的。福尔摩伍的伙伴想了半天也没有想出来，你能回答出来吗？

14 一艘豪华客轮正在太平洋上航行。

一天早晨，在船尾的甲板上发现了一具女尸。死者是以服装设计为专业的崔素美，她是被人用刀刺死的，死亡时间大约在前一晚的11点左右。

客轮正航行在太平洋的中央，即使想利用救生艇逃走，也不见得能保住性命，所以凶手应该仍然在客轮上，但凶手为什么要留下尸体呢？

事实上，在这艘客轮中，有两个人具有谋杀崔素美的动机。

崔促达——被害人的侄子，也是遗产的继承人。因为嗜赌如命，欠了别人一屁股的债。

廖维欣——被害人的秘书。由于侵占公款，被革职不久。

根据以上资料，请你推理看看，谁是凶手？

15 在一所公寓里发生了凶杀案，一个画家在卧室里被人用刀刺死了。卧室的墙壁上清晰地印着一个鲜红的手印，五个手指的指纹都清晰可辨，连手掌的纹路也很清楚。看起来是凶手逃跑时，不小心把沾满血的右手按到墙壁上。

福尔摩伍赶到现场时，见到老熟人巴特警官正在小心地收集上面的指纹。福尔摩伍仔细观察了一下，笑着对巴特说："你还是看看有没有其他线索吧！"

巴特依然小心翼翼地做着自己的工作，头也不抬地说："这些指纹难道不是重要的线索吗？"

福尔摩伍耸了耸肩："但这个血手印很可能是罪犯伪造的，目的就是要误导警察。"

巴特转过脸，好奇地问："你怎么知道的？"

福尔摩伍说道："你试着用右手在墙上印个手印，就知道了。"

你知道福尔摩伍是怎么看出手印有问题的吗？

16 福尔摩伍接到警方的电话，说有一个经常在野外进行地质考察的学者，在草原考察时意外死亡了，请他前去协助调查。福尔摩伍到达现场后发现：学者躺在大树底下搭的帐篷里，一个年轻的学生正在回答警方的询问，他说自己和老师一起出来考察，昨天晚上住在这里，结果今天早上发现老师死了。

法医判断学者是误服了毒蘑菇身亡的。可是福尔摩伍却认定这个学生在说谎，你知道他是怎么得出这个结论的吗？

17 邮件车厢上，一箱托运的黄金饰品被人抢了。福尔摩伍刚巧在这列火车上，他赶到现场，却只发现了两个抽剩下的烟头。

福尔摩伍让值班员皮特回忆一下当时的情景。皮特说："上午，我们组长送来一个邮包，说里面有贵重的物品，让我重点看管。火车开了一段时间，我听见有人敲门，先是两下轻的，然后是三下重的。我以为是列车员，便将门打开，结果闯进来两个人，他们都戴着头套，只露出两只眼睛。他将我打倒后，每人叼一支烟，还说了些什么，但火车声音太大了，我没听清楚……"

福尔摩伍听到这里摆摆手说："皮特先生，我认为你有很大嫌疑，你刚才编的这段话里漏洞实在太多了……"

动脑筋想一想，皮特的话里到底有哪些漏洞呢？

18 一件名贵的玉雕正在博物馆展出，恰巧这几天天气晴朗，不少游客都赶去参观。快闭馆的时候，一个窃贼也混了进去。他背着照相机，拿着一把晴雨伞，趁人不注意的时候躲到了大厅的楼梯间里。不久，博物馆便清场了。

窃贼等到大厅里没有动静了，便蹑手蹑脚地钻了出来，从晴雨伞的伞柄中取出开锁的工具，接着又从照相机套子中取出赝品。此时，外面恰巧下起了大雨，风雨声遮盖了一切声音，小偷便趁机弄开展柜，换下玉雕，然后将一切恢复原状，又躲进了楼梯间。

第二天一早雨还在下，博物馆里的人比昨天少了一些，窃贼从楼梯间溜了出来，他看到游客们正在欣赏那赝品，不由得暗暗好笑，可是他撑开雨伞准备走出博物馆大门时，却被前来参观的福摩尔伍挡住了，福尔摩伍问他昨天晚上躲在博物馆里干什么？

窃贼做贼心虚，解释不清，福尔摩伍立刻说："跟我去趟警局吧！"

你知道福尔摩伍是从哪里看到窃贼破绽的吗？

19 6月的一个下午，有个行人在路上被抢劫。根据路人的描述，警方很快就找到了嫌疑人丘林。但是，丘林却说当天他正在动物园里游玩，因为每年夏季，他都会到动物园里去走走。为了证明他不在现场，丘林还拿出了几张他所拍的动物照片。其中一张是北极狐的照片，在照片上北极狐浑身皮毛呈雪白色，真是可爱极了。然而，负责审讯的福尔摩伍看了照片后却对丘林说："你的这些照片虽然拍得不错，但这张北极狐的照片却说明你是在撒谎！"

你知道福尔摩伍是如何识破丘林的谎言的？

20 富翁基尔杀死了自己的妻子，将她的尸体放进一个铝合金箱子里，并用铁链将箱子绑起来。接着，他和同伙一起驾驶私人飞机飞到海上。他们在海面上盘旋了一会儿，确定海上没有任何船只和人的踪迹后，把箱子推进了海里。

可是，几天后，警察和福尔摩伍却找到了基尔，指控他谋害了妻子，并用私人飞机将尸体运到海上丢掉。基尔狡辩道："那天我的确使用了自己的私人飞机，但我没有把任何东西丢进海里。"

福尔摩伍打了个响指，指着基尔说道："你在说谎，一个没有影子的目击者告诉我们，从你的飞机上掉下了一个金属的物体。"

你知道福尔摩伍所说的"没有影子的目击者"是谁吗？

21 福尔摩伍骑着自行车到公园玩，突然他觉得肚子不舒服，就在车子前轮上套了一把钢圈锁，自己进了公共厕所。可是他出来后，自行车却不见了。当时公园里有很多孩子在玩，有的在放风筝、有的在溜旱冰，还有的在打棒球。福尔摩伍知道一定是这些孩子的恶作剧，可是孩子是如何把锁着的自行车骑走的？

22 福尔摩伍外出旅行，住在一家旅馆里。服务员给他安排了一个单人间，并告诉他整个楼层都是单人间。

晚上，福尔摩伍正在房间里看电视，忽然听到有人敲门。他打开门一看，是一个陌生男人。

那男人一见福尔摩伍，忙抱歉地打招呼说："对不起，对不起，我走错门了，我还以为这是我的房间呢！"说完，就转身走了。

福尔摩伍回到房间，突然觉得不对劲，仔细一想，便认定这个男人是小偷。于是他报告了旅馆的保安。后来，保安将男子抓获，经警方查证，男子果然是个惯偷。福尔摩伍是怎么知道那个陌生男子是小偷呢？

23 这天凌晨，福尔摩伍接到报案，在收藏家的花园洋房里发生了一起抢劫案。福尔摩伍迅速赶到案发现场，只见二楼的书房里，两扇落地窗敞开着，桌子上有两支点了一大半的蜡烛，烛液流了一大堆；桌下散落了好多文件，现场似乎发生过打斗；另外，地上还有一截绳子。收藏家告诉福尔摩伍："昨晚，房间突然停电了，于是我点了蜡烛，打算看看到手的珍贵手稿。谁知蜡烛刚点亮，门突然被风吹开了，我就去关门，不想从窗外爬进来一个蒙面人。他把我摁倒在地，捆住我的手脚，堵住我的嘴。然后他抢走了手稿，又从窗口爬了出去。我好不容易挣脱绳子报了警。"福尔摩伍听完，环顾了一下四周，哈哈大笑起来："先生，虽然您制造假现场的本事很大，但是您还是忽略了关键的细节。看来，以后还要更细心一些才是！"请问，福尔摩伍是如何发现破绽的呢？

24 音乐家皮特的家中发生了爆炸案，所幸皮特没有受伤。福尔摩伍在现场发现，爆炸的是一玻璃杯，里面装了一些火药。可是让人奇怪的是室内没有任何火源，也没有发现引爆装置。皮特说自己当时正在练习一首小号曲，当吹到高音部分时，就发生了爆炸。福尔摩伍仔细观察了一下爆炸残留物，马上就知道凶手是如何引爆的。

请问凶手是如何引爆炸弹的呢？

25 某旅馆发生了一起凶杀案，死者是丽莎小姐。警察告诉福尔摩伍，丽莎刚跟胡克船长订了婚，而船长昨天出海去了。丽莎在市郊有一套豪华公寓，平时都住在那里。

福尔摩伍问："有其他嫌疑对象吗？"在场的警员道："有个叫杰克的小伙子，是丽莎的狂热追求者。"

福尔摩伍把笔一搁，立起身说："噢，那我去拜访一下杰克。"

在一所旧公寓里，福尔摩伍找到了杰克，他问杰克："你知道丽莎被杀了吗？"

杰克听了，神情惊讶地说："不，不知道！"

"不知道就好。"福尔摩伍一边说，一边下意识地到口袋里拿笔，"糟糕。我把金笔丢在丽莎那里了。一会儿我还要去办其他案子，能不能帮我把笔取回来送到警察局？"杰克犹豫了一下，还是同意了。

半个小时后，杰克把金笔送回了警察局，但他立即就被逮捕了，福尔摩伍认定他就是凶手，你知道为什么吗？

26 两名武装歹徒冲进一家银行，抢了钱后，立即乘一辆"福特"车逃跑。一个银行职员记下了车子的号码，报了警。

一刻钟后，福尔摩伍和警官克勒姆等人赶到现场。正当他们谈论案情时，突然发现了要找的那辆"福特"车，它刚好从警车旁边开过。

警官克勒姆叫了起来："这不可能，车子的颜色和车号都对！"他们马上驱车赶了上去，将那车拦下。

开车的是一个男子叫西格马尔。福尔摩伍对西格马尔进行了审问，可是他有不在现场的证据，警方只好将他放了。

事后调查，歹徒从那家银行一共抢走了 7.5 万欧元的新钞票。

没过几天又发生一起银行抢劫案。案发不久，西格马尔开车经过一个检查站，径直往前开。警察拦下他说："你没有看见停车牌吗。罚款 1 欧元！"

"下次一定注意。"西格马尔递过去一张 1 欧元纸币。

两天后，警方逮捕了西格马尔，理由是他与两起银行抢劫案有关。

"不可能，"西格马尔说，"我根本就不在现场！"

福尔摩伍笑道："但你是主谋，你找了两个朋友，又弄了两辆完全相同的车。每次抢劫银行，你故意将警方的注意力吸引到自己身上来，同伙则趁机逃跑，但是，你却犯了个小小的错误，结果露了马脚！"

你能猜出西格马尔在哪里露出了马脚吗？

27 这天清晨，有位过马路的男子，被一辆疾驰而过的轿车撞翻在地。轿车司机见附近行人稀少，也不下车查看和救援，扔下那个仰面朝天的男子不管，绝尘而去。

那男子被救护车送往医院，然而他只说出肇事车的车牌号是 6198，便断了气。

警察很快就找到了那辆轿车，可车主辩解说自己的车子出了故障，从昨天开始就在修理厂里，无法外出。他还说出自己不在现场的人证，所以警察也束手无策，只好请教福尔摩伍。

福尔摩伍想了想，很快就有了答案，请问他是怎么破案的呢？

第四章
越玩越聪明
——考前思维减压

第一节 发散思维缓解考前思维瓶颈

1 有个好自吹自擂的私人侦探。

"昨天，我在池塘钓鱼，一个刺客偷偷从背后过来，正要用匕首刺我。这时，我从池塘的水面上看到了他的身影，便迅速挥起鱼竿朝后抢去，正好鱼钩勾住了那家伙的脸，那家伙号叫着逃走了。"听了此话，他的朋友不相信，说道："纵然你是个名侦探，这种事也不可能吧。"那么，朋友为什么这么说呢？

2 严冬的一天，女盗梅姑应团侦探之邀来到侦探事务所。一进屋，见屋子中间摆着 3 个新型保险柜，感到有些吃惊。是三个完全一样的保险柜。

"啊，梅姑，你来得正好。都说你是开保险柜的能人，那么请问，你在 10 分钟之内不许用电钻和煤气灯能打开吗？"团侦探问道。

"三个用 10 分钟吗？""不，一个用 10 分钟。""要是这样的话，没什么问题。"梅姑很自信地说。

"可是，这保险柜里装的什么？""里面是空的。""唉！""实际上，这是一个保险柜生产厂家准备在今春上市的新产品，并计划推出这样的广告宣传词'连女盗梅姑也望尘莫及'。为慎重起见，保险柜生产厂家特地委托我请你给试验一下，并且提出无论成功与否，都要用摄像机录下来送还厂方。"团侦探安装好摄像机的三脚架。

"还没我打不开的保险柜呢，可如果10分钟内打开了怎么办？"

"可以得到厂家一笔可观的酬金。还是快干吧，我用这个沙漏给你计时。"团侦探把一个10分钟用的沙漏倒放在保险柜上面。梅姑也跟着开始动作。她将听诊器贴在保险柜的密码盘上，慢慢拨动着号码，以便通过微弱的手感找出保险柜密码。

1分钟，2分钟，3分钟……沙漏里的沙子在静静地往下流。

"梅姑小姐，已经9分钟了，还没打开吗。只剩最后一分钟。""别急嘛，新型保险柜，指尖对它还不熟悉。"梅姑瞥了一眼沙漏，全神贯注在指尖上，终于找出了密码。因为是六位数的复杂组合，所以颇费些功夫。"好啦，开了。"梅姑打开保险柜时，沙漏里的沙子还差一点儿就全到下面去了。

"可真不赖，正好在10分钟之内。那么再开第二个吧。不过，号码与方才的可不同哎！"团侦探说着把沙漏倒过来。

第二个保险柜，梅姑也在规定时间打开了。沙漏上边玻璃瓶中的沙子还有好多呢。

"真是个能工巧匠啊，趁着兴头，接着开第三个吧。""如果是一样的保险柜。再开几个也是一样。""但三个保险柜都要在规定时间内打开，否则就拿不到酬金。实话告诉你吧，酬金就在第三个保险柜里面。""那好，请你把炉火再调旺些，这么冷手都木了，手感太迟钝。"梅姑说。

团侦探赶紧将煤油炉的火苗往大调了调，并将炉子挪至保险柜前。梅姑将手放在炉火上，烤了烤指尖。

"怎么样，准备好了吗？""开始吧！"团侦探将沙漏一倒过来，梅姑就接着开第三个保险柜。

然而，这次沙漏中的沙子都流到了下面，10分钟已过，但保险柜还未打开。

"梅姑小姐，怎么搞的。10分钟已经过了呀！""怪了，怎么会打不开呢，可……"梅姑瞥了一眼煤油炉旁的沙漏。"团侦探，这个保险柜没做什么手脚吧？我肯定是做了手脚。"梅姑有些焦急，额头沁出了汗珠，可依然聚精会神地开锁。约摸过了一分钟，她终于把保险柜打开了。柜中放着一个装有酬金的信封。"这就怪了，与前两次都是一样的干法，这次怎么会慢了呢？"她歪着头，感到纳闷儿。忽然，她注意到了什么，"我差一点儿被你蒙骗了，我就是在规定时间内打开的保险柜，酬金该归我了！""哈哈哈。还是被你看出来了，真不愧是怪盗哇，还真骗不了你。"团侦探乖乖地将酬金交给了梅姑。

那么，他是用什么手段做的手脚呢？

3 一天，一位满脸愁云的少女来到私人侦探段五郎的办事处，对段五郎说，在上周二的晚上，她姐姐被煤气灶里跑出来的煤气熏死了。奇怪的是，姐姐的房间不仅窗户关得严严的，连房门上的缝隙也贴上了封条。来调查的刑警认定：别人是不可能从门外面把封条贴在里面的，这些封条只有她自己才能贴。所以警察认定她姐姐是自杀。可少女说，她了解姐姐的性格，姐姐绝不会轻生。这一定是桩凶杀案。

段五郎听了少女的陈述，试探地问道："谁有可能是嫌疑犯呢？"少女激动地说："姐姐有个恋人，但他最近却与别的女人订了婚。他一定是嫌姐姐碍事，就下了毒手。""这个男人是谁？""叫冈本，他和姐姐住在一个公寓里，出事那天他也在自己的房间里，可他说他什么也不知道。那肯定是谎言！"于是，段五郎和少女一起来到那幢公寓。

这是一幢旧楼，门和门框之间已出现了一条小缝隙。在出事的房门上，还保留着封条。段五郎四下里一瞧，便向公寓管理人员询问案发当夜的情况。

管理人员回忆道："那天深夜，我记得听到一种很低的电动机声音，像是洗衣机或者是吸尘器发出的声音。"段五郎眉头一皱，说："冈本的房间在哪里？"

管理人员引着段五郎走到冈本的房门前。打开房门，段五郎一眼就看到放在房间过道上的红色吸尘器。

他转身对少女说："小姐，你说得对，你姐姐确实是被人杀害的，凶手就是冈本！"

段五郎是怎样识破冈本的真面目的呢？

4 马克斯与约特是一对盲人朋友。

约特感到自己活不多久了，便对好友说："马克斯，有一件事拜托您。我想写份遗书请您代为保存。"他接着说，"如果我死了，将一半财产给妻子，一半财产给我弟弟。"躲在一旁偷听的妻子一听，恨得直咬牙。

约特呼唤妻子的名字，要她取来钢笔和纸，妻子却挖苦道："眼睛看不见，还能写字吗？""你磨蹭什么！快点把纸与钢笔给我！否则，我将财产全给弟弟！"妻子无奈，只得把笔和纸递给丈夫。

维特写道："我死后，将财产中的一半分给弟弟。"随后，署名，装入信封，直接交给了马克斯。一个月后，约特病情恶化死去。马克斯叫来约特的弟弟，将遗书交给他。弟弟当场打开信封，取出一看，大惊失色。遗书竟是一张白纸。"你是不是被我嫂子收买了。耍这偷梁换柱的可耻把戏!"马克斯接过遗书。不一会儿，他便说："你看，这确实有字，是你哥哥的遗言。"您知道这是怎么回事吗?

5 一个女人死于停在路旁的车中，车内有一只大蜜蜂在嗡嗡地飞。

这是一只身上带有黄道的塞浦路斯蜜蜂。死者看起来是被毒蜂蜇了额头致死的。但是，无论怎么有毒的蜂，只被一只蜇了一下，人就会当即送命吗。实际上，这是巧妙利用蜜蜂的杀人伎俩。

那么，罪犯使用的是什么手段呢?

6 金田一耕助躺在伊豆海岸的沙滩上，离他5米远的地方，有一把红色的海滩伞，伞下有一对男女在嬉闹。隔着伞看不到他们的人，只能听到声音。

不一会儿，一切都平静下来了。忽然又传来一阵嘈杂的音乐，是从录音机中传出来的。过一阵就停了。一个青年男子从海滩伞下走出来。走进海里游泳。沙滩的左边是海岬。这时，海滩伞下有女人在呼叫，男子于是朝岸边挥了挥手，然后游走了。

不知过了多久，睡着的金田一耕助被一阵不知是男是女的叫声惊醒，看到一个男子从海滩伞下跑出来。他戴着一顶夏天的白帽子，麻料的衣服，打着蝴蝶领结。脸上戴着副很大的太阳眼镜，鼻子下蓄着胡子。

这人走后不久，游泳的男子回来了。他身上滴着水走向海滩伞，然后就听到他大叫："有人死了!"

那女子已被人勒死了。

后经调查，金田一耕助看到的蓄胡子男人是那女人的情夫，于是他便成了杀人嫌疑犯。但他又有不在现场的证明，那么谁是凶手呢？

7 S市公安局截获了一份神秘的电文："朝：货已办妥，火车站交接。"经过周密分析，认定这是一伙犯罪分子在进行一项秘密交易。公安局立即召开会议，决定抓获这批犯罪分子。可是这份电文只有接货地址，没有接货的具体时间，使破案无从着手。这时小张提出："从今天起严密监视候车室，直到抓获罪犯为止。"在座的大部分同志认为也只能这样。

侦查员老王沉思片刻后，向大家说出罪犯的接货时间。

根据老王的判断，果然在这天抓获了一个大走私集团。

读者诸君，你能破译这份电文吗？

8 在冰雪封冻的极地雪原，发现一具来观测极光的越冬队员的尸体，尸体旁留着一块好像玻璃熔化了似的奇怪石头。死者就是被这块石头打中头部致死的，戴着防寒帽的脑袋被砸开花了。

然而，现场四周只留着被害人的足迹，却没有凶手的足迹，更令人奇怪的是石头凶器。这里是被逾千米的厚厚万年冰覆盖的南极大陆，不露地面，连个石头茬儿都没有。

那么，被害人究竟被何人所杀呢？

9 清晨，海尔丁探长正在看骑手们跑马练习，突然马棚里冲出一个金发女郎，大叫着："快来人哪！杀人啦！"

海尔丁急忙奔了过去。

只见马棚里一个驯马师打扮的人俯卧在干草堆上，后腰上有一大片血迹，一根锐利的冰锥就扎在他腰上。"死了大约有8个小时了。"海尔丁自语道："也就是说谋杀发生在半夜。"他转过身，看了一眼正捂着脸的那位金发女郎，说："噢，对不起，你袖子上沾的是血迹吗。"那位金发女郎把她那骑装的袖口转过来，只见上面是一长道血痕。"咦，"她脸色煞白，"一定是刚才在他身上蹭到的。我叫盖尔·德伏尔，他，他是彼特·墨菲。他为我驯马。"海尔丁问道："你知道有谁可能杀他吗。""不，"她答道，"除了……也许是鲍勃·福特，彼特欠了他一大笔钱……"第二天，警官告诉海尔丁说："彼特欠福特确切的数字是 15000 美元。可是经营渔行的福特发誓说，他已有两天没见过彼特了。另外，盖尔小姐袖口上的血迹经化验是死者的。"

谁是罪犯呢？

10 一辆旅游车在一幢豪华的别墅面前停下。从车上跳下来 6 名蒙面大汉，其中一个拿出一把钥匙打开了别墅的大门。接着，他们上了三楼。这时是晚上 11 点钟。不过在当地，太阳还刚刚落山，因为当时正值 6 月。

他们敲了敲一个房间的门，答应的是一个睡意蒙眬的声音："谁？什么事？""董事长，我们是医院来的。"大约过了 3 分钟，门才打开。就在打开门的一刹那，大汉们冲了进去，关掉了房间里的电灯，把董事长捆绑起来，并在他眼睛上蒙了一层厚毛巾。然后，把他架下楼梯，塞进停在别墅门口的旅游车内。就这样，董事长被绑架了。

这是一间地下室，没有窗子，潮湿、肮脏，除了一张小床，一张椅子，再加上椅子上摆着的一些食品外，再也没有别的什么东西了。两个荷枪实弹的大汉日夜把守着一道可供出入的门。董事长被绑架的那天晚上，没有任何人通过这道门走入地下室，但奇怪的是，到了第二天清晨，地下室中却又多了一个男的。

请问：这个男的是从哪里进来的呢？

11 杜医生在警局录口供，他牵涉到一名富商被杀的案件。

探员 A 问："你是死者在案发前到他家看病的吗？"杜医生："是啊。""他为何在浴室暴毙呢。整个浴室连天花板都湿透了。""是……他在浴室淋浴时中风而死的。""唔……浴室的针药是你的吗。""是，我从手提包拿出来准备替他医治的！""咦。温度计粉碎了。""是，不小心摔破了。""杜医生，病人究竟是什么病让你来的呢？""心脏病！""可是，你又说他是中风而死的？""呃……是中风……而令心脏病发！""杜医生，我认为你有杀人的嫌疑，因为你利用了热水炉行凶！"探员为何这样肯定呢，有什么根据？

12 某日晚，一个年轻的女子被车撞了。开车人装作送她去医院，将其弄上车，然后逃走。由于被害人已经死亡，所以毫无疑问尸体会在途中什么地方被扔掉。

因是性质恶劣的肇事逃跑事件，警方立案侦查，经检验留在现场的被害人血型，是 O 型和 A 型。这么说，被撞的有两个人吗？但根据目击者的证言，被害人是一人。而且，肇事司机没擦伤一根毫毛，所以绝非是他的血混到里面了。

那，被害人的血型到底是什么呢？

13 深夜，商业贸易中心大厦，放在 21 楼的保险柜被人炸开，掠去一笔巨款。由于这家公司装有直通警署的警报系统，所以警察的巡逻车在 1 分钟内即到达了大厦的现场。警察到场后，发觉这座大厦正在停电，四处漆黑一片。警察找到了大厦的管理员，管理员声称，由于电箱的保险丝断了，所以停电。警察守在大厦的出入口，又走到 21 楼失窃现场，却发现贼人已经逃去无踪。但是，大厦是属于密闭式的，根本没有出口可供匪徒逃去。警方经过实验，证明普通人由 21 楼跑到楼下，最少需要两分钟。但警车在 1 分钟内即到达现场，匪徒有什么办法能够逃走呢。真是煞费思量。经过调查，发现管理员是匪徒的同谋人。

为什么劫匪能在 1 分钟内即逃去无踪呢。

14 "无畏号"小汽艇在风暴中东摇西晃，颠簸前行。风暴暂息时，一号甲板传来一声枪响。犯罪学家福德尼教授扔下那本他一直未能读进去的侦探小说，几个箭步就冲上了升降口扶梯。在扶梯尽头拐弯处，他看到斯图亚特·迈尔逊正俯身望着那个当场亡命人的尸体。

就在此刻，天穹绽裂，电闪挟着雷鸣，仿佛苍天在发出食尸鬼似的狞笑。死者头部有火药烧伤。拉森船长和那位犯罪学家马上展开了调查，以弄清事发时艇上每位乘客的所在位置。调查工作首先从离尸体被发现地点最近的乘客们开始。

第一个被询问的是内森·柯恩，他说听到枪声时，他在舱室里正好要写完一封信。

"我可以过目吗？"船长问道。

福德尼从船长的肩上望去，看到艇用信笺上爬满了清晰的蝇头小字。很显然，信是写给一位女士的。

下一个舱室的乘客是玛格内特·米尔斯韦恩小姐。她回答说，由于被大风暴吓坏了，大约在枪响一刻钟前，她躲进了对面未婚夫詹姆斯·蒙哥马利的卧舱。后者证实了她的陈述，并解释说，他俩之所以未冲上过道，是因为担心这么晚同时露面的话，也许会有损于他俩的名誉。经过调查，其余乘客和船员都没有犯罪嫌疑。

请问，船长怀疑的对象究竟是谁，为什么？

15 宝石商 H 氏，在自家书房里养了许多热带鱼。就在其和家人外出旅游期间，女盗梅姑溜进书房，从保险柜里盗走重达 50 克拉的一大块红宝石。

正当她要走出房间离去时，房门却猛地被推开，江户警官端着手枪闯了进来。

"梅姑，举起手来，反抗就开枪了。""哟！这不是江户警官吗，你怎么也成了持枪抢劫的强盗了。""少啰唆，今晚我一直在跟踪你，眼看你溜进这所房子，就等着当场捉贼了。现在人赃俱获，你这位臭名远扬的女盗也该收场了。怎么样，赶快把偷的红宝石交出来吧。"

不愧是久经沙场的惯盗，梅姑此刻虽被手枪逼着，却显得若无其事。她从衣服口袋里掏出红宝石，装着递给警官的样子，却突然扔进了身旁的大鱼缸中。鱼缸里养着数尾金黄色带黑斑点的热带鱼，个个都有十五六厘米那么长。

"喂！梅姑，你想干什么。赶快从鱼缸里给我捞出来！""如果想要，那你就自己去捞好了。"梅姑冷笑着。"好吧，你老实站着别动。动一动我就开枪。"江户警官毫不松懈地将手枪对准梅姑，左手伸进鱼缸去捞宝石，连袖口被水浸湿了都顾不上了。可就在这一刹那，意外的事情发生了。

"警官，我先告辞了，拜拜！"梅姑说着从警官身边擦过，赶快溜走了。

那么，为什么警官不开枪呢？

16 一个星期日的中午，绿庄公寓里 8 号房间的单身职员，到距离很近的售货摊上买东西，只离开房间五六分钟，没有锁门，5 万元现金被盗。报案后，刑警问他："公寓里有谁知道你出去买东西。""10号房间的北村知道，我出去时他还托我买呢。"刑警马上到10号房间查看。一进门，就见北村一边在吃方便面一边看漫画。

"8号房间的失盗者出去买东西时，你在哪儿？干什么了？""我一直在看漫画呀。""你没听见那个房间里有异常动静吗？""没有，那时正好一架直升机在这座公寓的上空盘旋，噪声很大，一点点动静也觉察不到。"据公寓管理人员说，中午并没有外人进公寓。肯定是内部人员干的。

"别的房间里有人在吗？"

"今天星期日，别人出去玩了，只6号房间里一个叫寺内的年轻人在。"刑警又来到6号房间，见寺内正穿一身睡衣躺在床上，边吃花生米边看电视。那是台新型彩电。

"哎呀，好漂亮的彩电啊！图像一点不闪动吗？""从来没有过，这是我三天前才买来的新产品。""听到8号房间里有可疑动静吗？""没有，一点没察觉到，因电视里有我喜欢的歌手在演唱，我看得入了迷，再加上那架讨厌的直升机在盘旋……""你说谎。直升机盘旋时你并没看电视，而是溜进8号房间找钱吧！"刑警凭什么识破了寺内的手段呢？

17 马琳在她豪华的别墅里惨遭杀害，名探哈莱金闻讯后马上赶到现场，迅速检查了红色地毯上的尸体。"她是被手枪柄敲击头部而死的，她至少被敲了四五下。""报告！在尸体旁找到了一支手枪。"警长莫纳汉小心翼翼地吹去上面的灰尘，以便提取指纹。

"我已经给她的丈夫佩奇打了电话。"警长说，"我只说他必须马上赶回家。我讨厌向别人报告噩耗。等一会儿你来告诉他好吗？"

"好吧。"哈莱金答应着。救护车刚刚开走，惊慌失措的丈夫就心急火燎地闯进门来了。"发生了什么事。马琳在哪里？""我不得不遗憾地告诉您，她在两小时之前被人杀害了。"哈莱金说，"是您的厨子在卧室中发现尸体并报警的。""我在这枪上找不到指纹。"警长用手帕裹着枪走进来对哈莱金说："看来不得不送技术室处理了。"佩奇紧盯着裹在手帕中的枪，脸上的肌肉抽搐着，显得异常激愤。突然，他激动地抓住警长的手说："如果能找到那个敲死马琳的凶手，我愿出5万美金重酬。""省下你的钱吧，"哈莱金冷冰冰地插言道，"凶手还不至于那么难找。"为什么他会这么说呢？

18 检察官温特斯一走进斯塔霍的办公室，巴特就迎上前说，"除了桌子上的电话，我什么也没碰过。我立即就给你打了电话。"

斯塔霍的尸体倒在办公桌后面的地毯上，右手旁边有一支法国造手枪。

"你快说这是怎么回事？"检察官急切地追问。"斯塔霍叫我到这儿来一下，"巴特说，"我来到之后他立即破口大骂他的妻子和我。我告诉他一定是他弄错了。但他在火头上已经变得无法自制。突然，他歇斯底里地大叫：'我非杀了你不可！'说着，他拉开办公桌最上面的抽屉，拿出一支手枪对着我就开了枪，幸好没击中。在万分危急之中我不得已只好自卫。这完全是正当防卫。"检察官将一支铅笔伸进手枪的枪管中，将它从尸体边挑起，然后拉开桌子最上面的抽屉，小心翼翼地将枪放回原处。

当晚，检察官对侦探哈莱金说："巴特是一名私人侦探，他的手枪是经注册备案的。我们在桌子对面的墙上发现了一颗法国造手枪弹头，就是巴特所说的首先射向他的那颗。那支枪上虽留有斯塔霍的指纹，但他并没有持枪执照，我们无法查出枪的来历。""我想你已经可以立案指控巴特蓄意谋杀了吧。"哈莱金说。

巴特在哪儿露出了马脚呢？

19 一天深夜，伦敦的一幢公寓连续发生三起刑事案件。一起是谋杀案，住在 4 楼的一名下院议员被人用手枪打死；一起是盗窃案，住在二楼的一名名画收藏家珍藏的六幅 16 世纪的油画被盗了；一起是强奸案，住在底楼的一名漂亮的芭蕾舞演员被暴徒强奸。

报警之后，苏格兰场（即伦敦警察总部）立即派出大批刑警赶到作案现场根据罪犯在现场留下的指纹、足迹和搏斗的痕迹，警方断定这三起案件是由三名罪犯分头单独作案的（后来证实这一判断是正确的）。

经过几个月的侦查，终于搜集到大量的确凿证据，逮捕了 A、B、C 三名罪犯。在审讯中，三名罪犯的口供如下：

A 供称：

C 是杀人犯，他杀掉下院议员纯粹是为了报过去的私仇。

我既然被捕了，我当然要编造口供，所以我并不是一个十分老实的人。

B 是强奸犯，因为 B 对漂亮女人有占有欲。

B 供称：

A 是著名的大盗，我坚信那天晚上盗窃油画的就是他。

A 从来不说真话。

C 是强奸犯。

C 供称：

盗窃案不是 B 所为。

A 是杀人犯。

总之我交代，那天晚上，我确实在这个公寓里作过案。

三名罪犯中，有一个的供词全部是真话，有一个最不老实，他说的全部是假话，另一个人的供词中，既有真话也有假话。

A、B、C 分别作了哪一个案子，看完口供后刑警亨利已经做出了判断。

20 夏季的一天，女盗梅姑乔装改扮，混进珠宝拍卖会场，盗出两颗大钻石。一回到家，她马上将钻石放在水里做成冰块放在了冰箱里。因钻石是透明无色的，所以藏到冰块里，万一有警察来搜查也不易被发现。

第二天，矶川侦探来了。"还是把你偷来的钻石交出来吧。珠宝拍卖现场的闭路电视已将化装后的你偷盗时的情景拍了下来，虽然警察没看出是你化的装，但你瞒不了我的眼睛，一看就知道是你。"矶川侦探说。

"如果你怀疑是我干的，就在我的家搜好了，直到你满意为止。"梅姑若无其事地说。

"今天真热呀，来杯冰镇可乐怎么样？"

梅姑说着从冰箱里拿出冰块，每个杯子放了 4 块，再倒上可乐，递给矶川侦探一杯。将藏有钻石的冰块放到了自己的杯子里，即使冰块化了，钻石露出来，在喝了半杯的可乐下面是看不出来的，矶川侦探怎么会想到在他眼前喝的可乐中会藏有钻石呢，梅姑暗自盘算着。

"那么，我就不客气了。"矶川侦探接过杯子喝了一口，下意识地看了一眼梅姑的杯子。"对不起，能换一下杯子吗？""怎么！难道怀疑我往你的杯子里投毒了吗?" "不,不是毒。我想尝尝放了钻石的可乐是什么味道。" 矶川侦探一下子从梅姑手里夺过杯子。

冰块还没溶化,那么矶川侦探是怎么看穿梅姑的可乐杯子里藏有钻石呢?

21 离猎人赛克斯尸体现场半英里远,有一座简陋的茅舍。茅舍的主人是一位隐士,隐居森林以打猎捕鱼为生。他是这次谋杀案现场方圆30千米之内唯一的居民。因别无线索,他被拘留以待查清真相。

当地警长确定了如下事实:

一、赛克斯遇害的时间大约是那场暴雨停止的前一天,或者是雨停之后不久;

二、雨过天晴之后,即有一股反常的热浪袭击本地,烈日很快就将地皮晒干。

听说闻名遐迩的犯罪学博士哈莱金恰好在附近休假,警长就登门拜访,向他讲了搜索现场的发现:"今晨我们在现场附近提取到一个相当完整的鞋印,已灌满了石膏模型。我们发现鞋印与那个隐士的新鞋子的大小和形状完全相同。" 哈莱金接过鞋印模型与隐士的鞋子认真对照,这鞋子是新的,它与鞋印吻合;不过大部分猎人都爱买这种鞋子穿。"警长,恐怕你的石膏鞋印对证明他无罪比证明他有罪更有说服力。"

为什么哈莱金会这么说?

22 在某动物园,鸵鸟惨遭杀死,不仅仅是杀害,而且还剖腹。这只鸵鸟是最近刚从非洲进口的,是该动物园最受欢迎的动物。凶手是深夜悄悄溜进鸵鸟的小屋将其杀死的。请问:凶手为何要采取如此残忍的杀法呢?

23 梅姑的偷盗特技受到某情报部的青睐，时常被指派去干些奇妙的工作。当然是有特殊报酬的。

今晚的任务是潜入 F 大使的私宅，盗窃书房保险柜中的密码本。大使夫妇外出参加酒会去了不在家，梅姑轻而易举地潜入了书房，打开保险柜一看，只有一个首饰盒，并没有蓝皮的密码本。

首饰盒里有一颗重达 30 克拉的大钻石。为不白来一回，正要顺手牵羊之际，突然大使一个人先回来了。梅姑迅速拔出手枪逼住了大使。

"大使先生，您把密码本藏到什么地方啦，快老老实实交出来吧。"可是，大使却镇定自若，"我凭什么要交给你呢？看来你就是那臭名远扬的女盗梅姑小姐吧。偷归偷，但不伤天害理，这是你的作风吧。不过，想开枪你就开吧，那会坏了你的名声的。"大使处之泰然。

被大使一说，梅姑虽然很傲慢，但却不会轻易扣动扳机。那么，只好如此了。梅姑从首饰盒里拿出那个大钻石放到保险柜上面的铁板上，手里晃动着一把小铁锤威胁着。这把小铁锤是她常用的 7 种工具之一。"如果不赶快交出密码本，我就砸碎这块钻石。如果砸碎了它，想必您夫人会心疼的。"然而，大使仍不动声色地冷笑说："钻石在地球的物质中是最坚硬的，就凭你那把小铁锤就能把它敲碎吗？""那么就试试吧。"梅姑用足力气砸下去。

钻石的命运会如何呢？

24 一个没有月亮的夜晚，山田警长和一个年轻警官走近一座桥时，突然听到一个女人恐怖的喊叫声："救命！救命！"山田警长忙朝桥上冲去，只见一个缠着黑头巾的男人比他们抢先一步迅速跨过栏杆，跳进河里潜逃走了。桥面上横着一个漂亮的姑娘，胸口上刺着一把匕首，已奄奄一息了。年轻警官忙叫唤："喂，醒一醒，这是谁干的？""米町街……曲日大院……松……"姑娘说到这里就咽气了。

他们赶到米町街上的曲日大院，发现这个大院住着两个带"松"字的男人，一个是看手相的松助，另一个是木匠松吉。

松助是个剃着和尚头的矮胖子，他穿着皱巴巴的睡衣，一边喝着黄酒，一边开玩笑说："让我给你们算个卦，来猜猜凶手吧。嘿嘿嘿……"山田摇摇头，带着年轻警官来到木匠松吉的家里。只见松吉裹着被子正在睡觉，他的发型末梢有点斜，地上的水盆里泡着一堆衣服。

年轻警官一看，眼睛瞪圆了，大声喝道："喂，松吉，是你杀了姑娘跳河逃走的吧！"

松吉瞪着吃惊的眼睛，连连摇头。

"你赖不掉，这盆衣服就是你犯罪的证据！"

松吉急忙辩护说："别开玩笑，这衣服是我明天准备洗的。"

年轻警官用眼光盯着他说："别装傻，这衣服是你跳进河里弄湿的！"

这时，在一旁观察的山田警长止住了警官，说："真正的凶手是松助！"

请问：山田警长为什么这么说？

25 D县是全国有名的产粮大县。不久前，第八粮库中有一批大米被盗。县公安局的侦查员在破案的过程中，发现邮局里有人拍了一份电报，电文仅仅是："1、2、6、3"四个数字。侦查科长李德华是位"老公安"，他分析情况后，立即布置了暗哨，终于将盗窃分子一网打尽。你知道侦查科长是怎样发现线索的吗？

26 被特工部门视为超级间谍的伊凡诺维奇，为了搜集一份重要情报，巧妙地混入了 A 国举行的一个外交集会。伊凡诺维奇伪装成一个记者，他背着高级照相机和闪光灯，利用伪造的证件潇洒地步入了会场。就在他不停地拍照的时候，联邦调查局的一位中年特工大步走到他的眼前。

"记者先生，能看看你的证件吗。"

"当然。请过目。"伊凡诺维奇微微含笑，彬彬有礼地递上（记者证）。

那中年特工仔细看过（记者证），突然厉声喝问："好一位冒牌的记者先生，还是亮明你的真实面目吧！"他一面说，一面将手伸进衣袋里取枪。

伊凡诺维奇从对方那灼灼逼人的目光里知道遇上了 A 国特工，自己必须立即逃走，而且他站的地方离大门十分近，但他立刻又想到，如果自己此刻转身逃跑，对方那 A 国特工一拔出手枪，自己就会被击中。伊凡毕竟是位名副其实的超级间谍，他急中生智，想出了一个迷惑对方争取时间的巧妙办法，终于机智脱险，逃之夭夭。

您能猜出是什么办法吗？

27 在一次酒会后，一个从非洲回来的探险家自吹自擂地说："那时，我被一伙可怕的吃人肉的土著人抓住，眼睛被蒙住，两手被反绑着，弃置在一条小道上。那条小道只有 1 米宽，并且两侧都是令人眼晕的悬崖峭壁，可是我格外冷静，丝毫不感到害怕，一步一步地走到了平原安全逃脱。怎么样，够惊心动魄的吧。"大家都为这位探险家的勇气所感动，但只有一个人在冷笑着。此人就是女盗梅姑。

"像你那种探险连小孩子都能，也值得在这里吹嘘。"

那么，梅姑为什么这么说？

28 退休的邮政局长汤逊，他每天都有早晨运动的习惯，这天早上，他在公园晨练时，被人袭击毙命。

警方的调查显示，这是一宗劫杀案，汤逊是被凶手用硬物击中后脑，受重伤而致死亡的。凶手还从他身上抢去了所有的财物。警方的调查又显示，凶手只有一个人。

在一连串的详细侦查之后，警方发现了三个有可能是凶犯的人：麦根，他当日曾牵着狗在公园出现；卡登夫人，她当日曾在公园织毛衣；画家查理，他当日曾在公园写生。

警方相信，凶手是利用自己身边的工具袭击汤逊的。

你认为谁会是凶手呢？

29 法国一对离婚夫妇，为两个亲生骨肉的抚养权和住宅居住权互不相让，最后只好对簿公堂。法官马尔斯庄严地宣布了判词。这份判词，令当事人、公众舆论都大吃一惊。但仔细回味，无不承认这是绝妙判决。

你能说出马尔斯法官是怎么判的吗？

30 被称为"守财奴"的奢啬的高利贷主，在某日夜被持枪歹徒枪杀，保险柜中的巨款被洗劫一空。

死者胸部挨了两枪，但更残忍的是，胃也被用刀扎得乱七八糟。碎尸，是仇杀或情杀常见的做法，但这种情况大都是被毁容，然而，此案的凶手为何只割破了被害人的胃呢？刑警颇为不解。

如果是你，该如何解此案之谜呢？

31 一个深夜，小偷斯班驾车正在峭壁险峻的海岸线山道上兜风，当到了一个急转弯处时，突然前方出现了一辆疾驶而来的车。

那辆车的车速与斯班的车速相同，离得越来越近。这条路只有对开两辆车那么宽，为不越过中间线，斯班向左打轮时，对方似乎也同样在向右打轮。车灯从正面直射过来，心想如果这样下去会迎面撞在一起的，但为时已晚，已经没有躲闪的余地了。

斯班不由地闭上眼睛，一狠心向右猛打方向盘，就在这一刹那间，他的车子撞断护栏冲下悬崖掉进大海，幸好斯班迅速钻出车子浮在海面上，才捡了一条命。

这起事故实际上是梅姑一手策划的。因为最近斯班打着梅姑的招牌干了几件不仁不义的勾当，这是对他的惩罚。可奇怪的是，斯班错打了方向盘时，对面却一辆车也没见到，现场也连对面会车的轮胎痕迹都没留下。

那么诸位，谁知道梅姑用了什么手段？

32 一天，比利时大侦探贝洛接到一个电话，说本地著名钢琴家的妻子被杀。

贝洛赶到现场，发现除了钢琴家大门口的地上有一支才吸了几口的香烟外，没有任何线索了。法医鉴定说，死者是两天前的下午1点30分到2点之间被害的，这个时间是钢琴家年轻貌美的妻子独自一人在家的时间。贝洛一调查，只有两个人有杀人嫌疑，而且这两个人抽的香烟都是和在大门口拾到的烟头是同一牌子。这两个人其中一个是被害者的情夫，他与被害人关系十分密切，但最近不知发生了什么事，经常争吵。

另一个是当地的推销员。他常常乘钢琴家不在家，跑来引诱被害者，但均遭女方的拒绝。

贝洛低着头，深深地吸了几口烟，忽然眼前一亮，回身对助手说："凶手一定是推销员。"

请问贝洛为什么这么说呢？

33 有一位非常有本领的律师。每有离婚诉讼，这位律师总是站在女方一边，免费为其辩护，为女方尽可能多地争取赡养费。

一天，这位律师自己也要离婚。律师一如既往，仍然站在妻子一边，免费进行辩护工作，为妻子争得了巨额赡养费。可是，离婚之后，这位律师在经济上却丝毫无损，也没有从其他途径获得金钱。

你能解开这个谜吗？

34 谍报员 006 号，正躺在床上看杂志，一直觉得耳边有一种刺耳的声音在响，起初还以为听错了，可总觉得有时钟走动的声音。枕头旁的闹钟是数字式的，所以不会有声响。会不会是……一种不祥之兆一掠而过，006 心里立刻不安起来，马上翻身起来，看看床下。

不出所料，床下被安放了炸弹，是一颗接在闹钟上的定时炸弹。一定是白天 006 号外出不在时，凶手潜进来放置。这是一种常见的老式闹钟，定时指针正指着 4 点 30 分。大概一到这个时间，就会接通表中的干电池引爆炸弹。现在距离爆炸时间，只剩下 5 分钟。

闹表和炸弹被用黏合剂固定在地板上，拿不下来。闹表和炸弹的线，也被穿在铝带中用黏合剂牢牢粘在地板上，根本无法用钳子取下切断。而且，闹钟的后盖也被封住了，真是个不留丝毫空子的老手呵。

就连 006 号也着急了。这间屋子是公寓的五层，如果定时炸弹爆炸，会给居民带来大的不幸。所以不能一个人逃离了事。可眼下报警为时已晚，踌躇之际，时间在一分一秒地过去。006号钻进床下在地上用指尖轻轻敲动闹表字盘的外壳。外壳是塑料制的。可并非轻易就取得下来。万一不小心，会接通电流，有引爆炸弹的危险。怎么办好呢？他思索了一下，突然计上心来。在炸弹将要爆炸的1分钟前，设法拆除了定时装置。你知道是什么方法。

35 酷夏的一天夜晚，发生了一宗奇特的凶杀案：中学教师西洛夫倒毙在地上，上身赤裸。警方经过调查，发现西洛夫是被人勒死的，并很快拘捕了两个嫌疑人。

一个是西洛夫的弟弟瓦里。他是个不长进的流氓，吸毒成瘾，经常向哥哥勒索钱财，两兄弟也常发生争吵。第二个人，是一个被开除学生的家长。他为人粗暴，脾气急躁，他因为儿子被开除而大发脾气。

根据死者现场的环境，警方设想案情大概是这样的：死者在住所的窗前，看到来找他的人，于是开门，结果，却遭袭击死亡。

你认为，哪一个人才是凶手呢？

36 多事的、带有神秘色彩的"东方列车"，这一天又发生了一起讹诈案件。

喜欢侦探故事的海顿先生打扮得衣冠楚楚：海蓝色大衣，真丝领带，锃亮的皮鞋。他一手提着黑色的小皮箱，一手拿着一顶礼帽，上了一等车厢。彬彬有礼的乘务员指点他进了自己预订的包厢。海顿先生刚被PRPR电器公司任命为驻德黑兰的商务代表，今天他是怀着愉悦的心情去上任的。

列车驶出了君士坦丁堡站，夜已经很深了。海顿先生看了一会儿侦探小说，正准备上床睡觉，突然，一个女人闪进他的包厢。她长得很标致。一进门，她就把门反扣上，胁迫海顿先生乖乖交出钱包，否则就要扯开衣服，叫嚷是海顿先生把他强拉进包厢，企图强奸她。

看到海顿先生没有作出反应，这个女人嬉皮笑脸地说："先生，即使是你床头的警铃也帮不了你的忙，因为，我只需要把我的衣服轻轻一扯……"海顿先生陷入困境，他只好讷讷地说："让我想想，让我想想。"说着，他点燃了一支"哈瓦拿"牌雪茄。

就这样，双方僵持了三四分钟。出乎这个女人的意料，海顿先生还是轻轻地按了一下床头的警铃。

这时，这个女人不由得气急败坏，她果然说到做到，立即脱了外衣，扯破了胸前的衣衫。待乘警闻声赶到，躺在海顿床上的这个女人又哭又闹，她直着嗓子嚷道："三四分钟前，这个道貌岸然的先生把我强行拉进了包房。"这时，海顿先生依旧平静地、不动声色地站在那里，悠闲自在地抽着雪茄，雪茄上留着一段长长的烟灰。

乘警目睹了这一切，没有立即作出判断。他仔细地进行观察，不一会他就明白了：这个女人想讹诈海顿先生。于是，就毫不犹豫地把这个女人带走了。

警察根据什么作出判断，认定海顿先生是无辜的，而这个女人却是在敲诈呢？

37 1954 年初冬，一个自称是蒋介石的副官，从台湾来的中年人，到中南海求见毛主席。此人态度傲慢，声称负有特别使命，唯有见到毛泽东先生本人才能说出。

真耶？假耶？承办此案的北京市公安局预审科科长汲潮先提审了几个在押的台湾特务，然后同那位"总统副官"进行了聊天一般的审讯。

"你刚从台湾来,对台湾的情况当然是很熟悉的,我想请教一二。""岂敢,岂敢。""请问,台北有电车吗?""有,有。""是有轨的还是无轨的?""都有,都有。""台湾的'国防部'在哪里?""在台北中山大道呀!""台湾有京剧团吗?""有,有,有好几个呢!""名角是谁?""李砚秀呀。""蒋介石的牙齿怎么样啦?""牙齿?他的牙齿不是挺好的吗?"问到这里,汲潮明白了:坐在面前的是个手段并不十分高明的诈骗犯。

请问汲潮是怎么识破所谓"总统副官"的谎言的?

38 星期日的早晨,在银行家洛伊特先生的别墅的网球场上,发现了洛伊特夫人的尸体。凶手是在离死者约 1 米之处将她枪杀的,死亡时间是星期六晚上 8 时左右。

作为现场的网球场,因星期六早晨下了雨,地面又湿又滑,所以被害人和凶手的脚印都清晰可见,穿的都是高跟鞋。但奇怪的是,来到现场的高跟鞋的脚印只是一个人的,走出现场的高跟鞋脚印也只是一个人的。而两种脚印又差不多。警方经勘察,认定死者是他杀,而凶手制造了自杀的假象。

警方拘留了一名重大嫌疑犯。她是洛伊特先生的情妇,原俄罗斯芭蕾舞团的舞蹈演员安娜。因为在被害人洛伊特夫人卧室的电话机旁留有一张字条,上面写着:下午 8 时,和安娜在网球场见面。安娜对警方的调查采取了沉默的态度。但即使她是真正的凶手,这案件还有一个不解之谜,就是怎么会只有一个人的脚印呢。当然,不能认为她是由洛伊特夫人背着来到网球场,而在她把人杀了后逃走的;同样,她这样一个矮小窈窕的女人也背不动体重达 70 千克的洛伊特夫人。这样，最后只能有一种理解，那就是凶手踏着来现场的脚印逃走的。可是高跟鞋的脚尖和后跟都很小，要踏在来时的脚印上走而丝毫不露痕迹，是不可能的。

芭蕾舞演员涅津斯基看过晚报上的这段新闻后，边思索边练着舞步。忽然，他大声笑了起来："哈哈哈，原来是这样。安娜这家伙，竟然使出了这个高招。"安娜使的是什么高招呢？

第二节　多向思维缓解考前思维压力

1 许三家与李四家准备一起旅行。这两家的家庭成员共九人，他们是许三（父）、许三妻，以及他们的三个儿子许明、许涛、许亮；李四（父）、李四妻，以及他们的两个女儿李娜、李珊。此外，还知道以下条件：

一、一独木舟上只能坐三个人，只有三条独木舟；

二、每一舟上必须坐一个父母辈；

三、同一个家庭的人不能独占一个独木舟。

问题：

（1）如果两个母亲（许三妻与李四妻）在同一条独木舟上，而许三的三个儿子分别坐在不同的独木舟上，下面的哪一个断定一定是正确的？

A. 每条独木舟上都有男有女；

B. 有一条独木舟上只有女性；

C. 有一条独木舟上只有男性；

D. 李娜和李珊两姐妹坐在同一条独木舟上；

E. 许三与李四这两个父亲坐在同一条独木舟上。

（2）如果李四妻和李珊乘坐同一条独木舟，下面哪一组人可以同乘另一条独木舟？

A. 许涛、李四、李娜；

B. 许涛、李四、许亮；

C. 许涛、李娜、许明；

D. 李四、李娜、许三妻；

E. 许三妻、许三、许明。

（3）如果李四和许三妻在同一条独木舟上，下列的五种情况中，只有一种情况是不可能存在的。到底是哪一种情况？

A. 许涛、李四妻和李珊同乘一条独木舟；

B. 李四妻、许三和许明同乘一条独木舟；

C. 李四妻、李珊和许亮同乘一条独木舟；

D. 李四妻、许明和许亮同乘一条独木舟；

E. 李娜、许三和李珊同乘一条独木舟。

（4）许三家的三个儿子乘坐不同的独木舟。对此，P、Q、张三个人作出三种断定：

P 断定：李四家的两个女儿不在同一条独木舟上；

Q 断定：李四和李四妻夫妻俩不在同一条独木舟上；

张断定：许三和许三妻夫妻俩不在同一条独木舟上。

哪一种判断肯定是正确的？

A. 只有 P 的断定对；

B. 只有 Q 的断定对；

C. P 和 Q 的断定对，张的断定错；

D. P 和张的断定对，Q 的断定错；

E. P、Q、张的断定都对。

（5）途中，李四和两个男孩子徒步旅行，剩下的六个人则乘坐两条独木舟继续旅行。如果题设的其他已知条件不变，下面哪一组的孩子们可能留下来乘坐独木舟？

A. 许涛、李娜、李珊；

B. 许涛、李珊、许亮；

C. 许涛、许明、许亮；

D. 许涛、许明、李珊；

E. 李珊、许明、许亮。

2 某天，两男两女走进一家自助餐厅，每人从机器上取下一张如下所示的标价单：

50. 95 美元

45. 90 美元

40. 85 美元

35. 80 美元

30. 75 美元

25. 70 美元

20. 65 美元

15. 60 美元

10. 55 美元

已知：

一、四人要同样的食品，他们的标价单被圈出了同样的款额（以美分为单位）。

二、一个人只能带有四枚硬币。

三、两位女性的硬币总价值相等，但彼此间不能有一枚硬币面值相同；两位男士也是如此。

四、四个人都要按照各自在标价单上圈出的款额付款，不用找零。

问题：哪一个数目是被圈出的？

注意：硬币面值可是 1 美分、5 美分、10 美分、25 美分、50 美分或 1 美元（合 100 美分）。

（提示：想法为硬币组对，找到这样的两组硬币：一组四枚，总值相等，但是组对的两方不能有一枚硬币面值相同。然后从这些组对中找到能付清账目而不用找零的款额。）

3 许先生认识张、王、杨、郭、周五位女士，其中：

一、五位女士分别属于两个年龄档，有三位小于 30 岁，两位大于 30 岁；

二、五位女士的职业有两位是教师，其他三位是秘书；

三、张和杨属于相同年龄档；

四、郭和周不属于相同年龄档；

五、王和周的职业相同；

六、杨和郭的职业不同；

七、许先生的老婆是一位年龄大于 30 岁的教师。

请问谁是许先生的未婚妻？

A. 张

B. 王

C. 杨

D. 郭

E. 周

4 有 A、B、C、D、E、F 和 G 等七位国务议员能参加 I 号、II 号、III 号议案的表决。按照议会规定，有四位或者四位以上议员投赞成票时，一项议案才可以通过。并且每个议员都不可弃权，必须对所有议案作出表决。已知：

一、A 反对这三项议案；

二、其他每位议员至少赞成一项议案，也至少反对一项议案；

三、B 反对 I 号议案；

四、G 反对 II 号和 III 号议案；

五、D 和 C 持同样态度；

六、F 和 G 持同样态度。

问题：

（1）赞成 I 号议案的议员是哪一位？

A. B

B. C

C. D

D. E

E. G

（2）II 号议案能得到的最高票数是：

A. 2

B. 3

C. 4

D. 5

E. 6

（3）下面的断定中，哪一个是错的？

A. B 和 C 同意同一议案；

B. B 和 G 同意同一议案；

C. B 一票赞成，两票反对；

D. C 两票赞成，一票反对；

E. F 一票赞成，两票反对。

（4）如果三个议案中某一个议案被通过，下列哪一位议员肯定投赞成呢?

A. B

B. C

C. E

D. F

E. G

(5) 如果 E 的表决跟 G 一样,那么,我们可以确定:

A. Ⅰ号议案将被通过;

B. Ⅰ号议案将被否决;

C. Ⅱ号议案将被通过;

D. Ⅱ号议案将被否决;

E. Ⅲ号议案将被通过。

(6) 如果 C 赞成Ⅱ号和Ⅲ号议案,那么,我们可以确定:

A. Ⅰ号议案将被通过;

B. Ⅰ号议案将被否决;

C. Ⅱ号议案将被通过;

D. Ⅱ号议案将被否决;

E. Ⅲ号议案将被通过。

5 在一个办公室里有三个老师:王、李、赵,他们分别讲授数学、物理、政治、英语、语文、历史,而且每个老师都要授两门课。已知:

一、政治老师和数学老师住在一起;

二、王老师是三位老师中最年轻的;

三、数学老师和赵老师是一对优秀的象棋手;

四、物理老师比英语老师年长，比一老师又年轻；

五、三人中最年长的老师住家比其他两位老师远。

请问，他们分别是教什么的老师？

6 六个不同民族的人，他们的名字分别为甲、乙、丙、丁、戊和己；他们的民族分别是汉族、苗族、满族、回族、维吾尔族和壮族（名字顺序与民族顺序不一定一致）现已知：

一、甲和汉族人是医生；

二、戊和维吾尔族人是教师；

三、丙和苗族人是技师；

四、乙和己曾经当过兵，而苗族人从没当过兵；

五、回族人比甲年龄大，壮族人比丙年龄大；

六、乙同汉族人下周要到满族去旅行，丙同回族人下周要到瑞士去度假。

请判断甲、乙、丙、丁、戊、己分别是哪个民族的人？

7 一件事难坏了领导，一直不知道是谁做的，下面的事实成立：

一、甲、乙、丙中至少有一个人做了这件事；

二、甲做了这件事，乙、丙也做了；

三、丙做了这件事，甲、乙也做了；

四、乙做了这件事，没有其他人做这件事；

五、甲、丙中至少一人做了这件事。

你猜猜谁做了这件事。

8 有10个人站成一队，每个人头上都戴着一顶帽子，帽子有3顶红的，4顶黑的5顶白的。每个人不能看到自己的帽子，只能看到前面的人的，最后一个人能够看到前面9个人的帽子颜色，倒数第二个人能够看到前面 8 个人的帽子颜色，依此类推，第一个人什么也看不到。

现在从最后面的那个人开始，问他是不是知道自己所戴帽子的颜色，如果他回答不知道，就继续问前面的人。如果后面的 9 个人都不知道，那么最前面的人知道自己颜色的帽子吗？为什么？

9 王局长有三位朋友：老张、老陈和老孙。机车上有三位乘客，他们分别为秘书、副手和司机，这三个乘客与老张朋友的姓氏是一样的。已知：

一、乘客老陈的家住天津；

二、乘客老张是一位工人，有 20 年工龄；

三、副手家住北京和天津之间；

四、乘客老孙常和司机下棋；

五、乘客之一是副手的邻居，他也是一名老工人，工龄正好是副手的 3 倍；

六、与副手同姓的乘客家住北京。

根据上面的资料，对于机车上三个人的姓氏，副手姓什么？

10 住在学校宿舍的同一房间的四个学生 A、B、C、D 正在听一首流行歌曲，她们当中有一个人在剪指甲，一个人在写东西，一个人站在阳台上，一个人在看书。请问 A、B、C、D 各自都在做什么？

已知：

一、A 不在剪指甲，也不在看书；

二、B 没有站在阳台上，也没有剪指甲；

三、如果 A 没有站在阳台上，那么 D 不在剪指甲；

四、C 既没有看书，也没有剪指甲；

五、D 不在看书，也没有站在阳台上。

11 小花、小丽、小绿三个同学中有一人帮助生病的小红补好了笔记，当小红问这是谁干的好事时，他们的回答如下：

小花说："小丽干的。"

小丽说："不是我干的。"

小绿说："也不是我干的。"

事实上，有两个人在说假话，只有一个说的是真话。那么，这件好事到底是谁做的？

12 A、B、C、D 四个学生参加一次数学竞赛，赛后他们四人预测名次如下：

A 说："C 第一，我第三。"

B 说："我第一，D 第四。"

C 说："我第三，D 第二。"

D 没有说话。

等到最后公布考试成绩时，发现他们每人预测对了一半，请说出他们竞赛的排名次序。

13 小青、小刚、小红三个学生参加迎春杯比赛，他们是来自汉县、沙镇、水乡的选手，并分别获得一二三等奖，现在知道的情况是：

一、小青不是汉县选手；

二、小刚不是沙镇选手；

三、汉县的选手不是一等奖；

四、沙镇的选手得二等奖；

五、小刚不是三等奖。

根据上述情况，小红应是哪里的选手，她得的是几等奖？

14 A、B、C 在一起谈论年龄，他们每人都说三句话，每人其中有两句话是真话，一句话是假话。

A 说："我今年才 22 岁，我比 B 还小两岁，我比 C 大 1 岁。"

B 说："我不是年龄最小的，我和 C 相差 3 岁，C25 岁了。"

C 说："我比 A 小，B 是 25 岁了，B 比 A 大 3 岁。"

根据以上三句话请判断他们三人的年龄。

15 A、B、C、D 与 M 五人一起比赛象棋，每两个人都要比赛一盘，到现在为止，A 比赛了 4 盘，B 比赛了 3 盘，C 比赛了 2 盘，D 比赛了 1 盘，问 M 比赛了几盘？

16 有这样三个的职业人，他们分别姓李、蒋和刘，他们每人身兼两职，三个人的六种职业是作家、音乐家、美术家、话剧演员、诗人和工人，同时还知道以下的事实：

一、音乐家以前对工人谈论过对"古典音乐"的欣赏。

二、音乐家出国访问时，美术家和李曾去送行。

三、工人的爱人是作家的妹妹。

四、作家和诗人曾经在一起探讨"百花齐放"的问题；

五、美术家曾与姓蒋的看过电影；

六、姓刘的善下棋，姓蒋的和那作家跟他对弈时，屡战屡败。

请判断他们的职业分别是什么？

17 一名警察有一天抓住 4 名盗窃犯 A、B、C、D，下面是他们的答话：

A 说："是 B 干的。"

B 说："是 D 干的。"

C 说："不是我干的。"

D 说:"B 在说谎话。"

事实证明,在这四个盗窃犯中只有一人说的是真话,你知道罪犯是谁吗?

18 一种密码只由数字 1、2、3、4、5 组成,这些数字由左至右写成且符合下列条件才能组成密码。这组数字是:

一、密码最短为两个数字,可以重复;

二、1 不能为首;

三、如果在某一密码文字中有 2,则 2 就得出现两次以上;

四、3 不可为最后一个字母,也不可为倒数第二个字母;

五、如果这个密码文字中有 1,那么一定有 4;

六、除非这个密码文字中有 2,否则 5 不可能是最后一个字母。

问题:

(1) 下列哪一个数字可以放在 2 与 5 后面形成一个由三个数字组成的密码:

A. 1

B. 2

C. 3

D. 4

E. 5

(2) 下列哪一组是一个符合条件的密码:

A. 1224

B. 2532

C. 3225

D. 4315

E. 5413

（3）如果某一种密码只有数字 1、2、3 可用，且每个密码只能用两个数字组成，那么可组成密码的总数是：

A. 1

B. 3

C. 6

D. 9

E. 12

（4）1、2、3、4、5 五个数字能组成几个由三个相同数字组成的密码：

A. 1

B. 2

C. 3

D. 4

E. 5

（5）下列五组字母中，有一组不是密码，但是只要改变数字的顺序，它也可以变成一个密码。这组数字是：

A. 22345

B. 22214

C. 31454

D. 41232

E. 53322

（6）下列选项不能使密码 3322514 变成另一个密码的是：

A. 用 4 替换每个 2

B. 用 5 替换第一个 3

C. 用 5 替换 4

D. 把 5 移至 4 右边

E. 把第二个 3 移至 1 的左边

（7）下列哪一组密码能用其中的某个数字来替换这个密码中的 8，从而组成一个符合规则的密码。

A. 31845

B. 38134

C. 83315

D. 83521

E. 851224

19 张涛、李明和赵亮三人住在三个相邻的房间内，他们之间满足这样的条件：

一、每个人喜欢一种宠物，一种饮料，一种啤酒，动物不是兔就是猫，饮料不是果粒橙就是葡萄汁，啤酒不是青岛就是哈尔滨；

二、张涛住在喝哈尔滨者的隔壁；

三、李明住在爱兔者的隔壁；

四、赵亮住在喝果粒橙者的隔壁；

五、没有一个者喝青岛也喝果粒橙；

六、至少有一个爱猫者喜欢喝青岛啤酒；

七、至少有一个喝葡萄汁者住在一个爱兔者的隔壁；

八、任何两人的相同爱好不超过一种。

住中间房间的人是谁？

提示：判定哪些三嗜好组合可以符合这三人的情况；然后判定哪一个组合与住在中间的人相符。

20 a、b、c、d、e 和 f 是两对三胞胎。另外，已知下列条件：

一、同胞兄弟姐妹不能进行婚配；

二、同性之间不能婚配；

三、在这六人中，其中，四人是男性，二人是女性；

四、在这三胞胎中，没有三个全是同性别的情况；

五、a 与 d 结为夫妇；

六、b 是 e 的唯一的兄弟。

问题：

（1）在下列的双胞胎中，谁和谁不可能是兄弟姐妹关系？

A. a 和 e；

B. c 和 f；

C. d 和 e；

D. d 和 f；

E. f 和 e。

（2）在下列何种条件下，f 肯定为女性？

A. a 和 e 属于同胞兄弟姐妹；

B. e 和 f 属于同胞兄弟姐妹；

C. d 和 e 属于同胞兄弟姐妹；

D. c 是 d 的小姑；

E. c 是 d 的小叔。

（3）在下列的判断中哪个肯定是错误的？

A. c 是 d 的小姑；

B. e 是 d 的小姑；

C. b 是 d 的小叔；

D. c 是 d 的小叔；

E. e 是 d 的小叔。

（4）如果 e 和 f 结为夫妇，下列哪个判断肯定正确？

A. c 是男的；

B. f 是男的；

C. a 是女的；

D. b 是女的；

E. d 是女的。

（5）如果 d 和 f 是兄弟关系，那么下列哪个判断肯定正确？

A. a 和 c 属于同胞兄弟姐妹；

B. b 和 d 属于同胞兄弟姐妹；

C. a 是男的；

D. c 是女的；

E. e 是女的。

21 前提：

一、有五座五种不同颜色的房子；

二、每座房子的主人有着各自的国籍；

三、五人中，每人只喝一种饮料，只抽一种香烟，也只养一种动物；

四、五人中，没有人养有相同的动物，抽相同牌子的香烟，喝相同的饮料。

提示：

一、美国人所住的房子是红色的；

二、瑞典人养的是小狗；

三、英国人喝的是茶；

四、绿色房子位于青房子左边；

五、颜色为绿色房子的主人喝咖啡；

六、抽 AALLMALL 烟的人养了一只小鸟；

七、颜色为黄色房子的主人吸 HUNHILL 烟；

八、位于中间的房子，其主人喝牛奶；

九、挪威人住的是第一间房子；

十、吸拉特烟的人住在养猫人的旁边；

十一、养马人住在抽 KUNHILL 烟人的旁边；

十二、抽 MASER 烟的人喝啤酒；

十三、德国人吸 PRINCE 烟；

十四、挪威人住在蓝色房子附近；

十五、吸拉特烟的人的邻居喝矿泉水。

请回答：这座不同颜色的房子分别住什么人？喝什么饮料？吸什么烟？养哪种宠物？

22 A、B、C 三位学生知道方桌的抽屉里有这么多张扑克牌：

红桃 A、Q、4

黑桃 J、8、4、2、7、3

梅花 K、Q、5、4、6

方块 K、5

一位老师从这些牌中挑出一张牌来，并把这张牌的点数告诉 B 同学，把这张牌的花色告诉 C 同学。这时，老师问 B 和 C：你们能从已知的点数或花色中猜出它是什么牌吗？于是，A 同学听到他们的对话：

B 同学：这张牌我不清楚。

C 同学：我知道你不知道它是什么牌。

B 同学：现在我明白它是什么牌了。

C 同学：我也知道了。

听过上述的对话，A 同学想了一下，就知道这张牌是什么牌了。

请判断一下，这张牌是什么牌？

23 在一所学校里，有穿绿、黑、青、白、紫五种不同运动服的五支运动队参加长跑比赛，其中，有 A、B、C、D、E 五位小学生猜比赛者的名次，条件是每个小学生只准猜两支运动队的名次。

学生 A 猜：紫队第二，黑队第三。

学生 B 猜：青队第二，绿队第四。

学生 C 猜：绿队第一，白队第五。

学生 D 猜：青队第三，白队第四。

学生 E 猜：黑队第二，紫队第五。

在这五名同学猜完后发现每人都猜对了一个队的名次，并且每队的名次只有一人猜对，请判断一下，这五名同学各猜对了哪个队的名次？

24 张明、李浩和赵冰三人，每个人都恰有三个非常好的特点，这些特点符合下面的要求：

两个人非常理智，两个人非常美貌，两个人非常幽默，两个人非常乐观，一个人非常聪明；

一、张明：

如果他非常乐观，那么他也非常美貌；

如果他非常美貌，那么他不是非常理智。

二、李浩：

如果他非常乐观，那么他也非常理智；

如果他非常理智，那么他也非常美貌。

三、赵冰：

如果他非常美貌，那么他也非常幽默；

如果他非常幽默，那么他不是非常乐观。

请问，他们三人中到底谁是聪明人？

提示：判定每个人的特点的可能组合；然后分别假定张明、李浩或赵冰具有聪明的特点。只有在一种情况下，不会出现矛盾。

25 张云、李阳、郑明、杨林和宋剑每人都参加了两次羽毛球联赛。已知：

一、每次联赛只进行了四场比赛：张云对李阳；张云对宋剑；郑明对杨林；郑明对宋剑。

二、两次联赛中仅有一场比赛胜负情况不变。

三、张云是第一次联赛的冠军。

四、在两次联赛中，实行一场淘汰赛，只有冠军一场都不输的。

请问：另一场联赛的冠军是谁？

注：两次联赛中都不会有平局的情况。

答　案

第一章 越玩越放松——考前心理减压

第一节 让心理在考前大放松

1. 把第一块芯片与其他逐一对比，看看其他芯片对第一块芯片是好是坏，如果给出是好的过半，那么说明这是好芯片，完毕。如果给出的是坏的过半，说明第一块芯片是坏的，那么就要在那些给出第一块芯片是坏的芯片中，重复上述步骤，直到找到好的芯片为止。

2. 需要注意的是题目中所给的数字是无用的，因为第一句话说："你是司令"，所以司令的年龄，就是读者你的年龄。

3. 星期二。

分析：星期五的前一天是星期四，今天的前两天是星期五，所以我们可以知道今天是星期日，那么星期日的明天的后一天，即后天是星期二。

4. 分析：这是个偷换概念的问题，每人每天9元，老板得到25元，伙计得到2元，27 = 25 + 2，不能把客人和伙计得到的钱加起来。

5. 选C。

分析：由条件一可得，其余的四种颜色，黄绿蓝白为两组互为对色的颜色，又由条件二和条件三可得：白色与黄色为对面，蓝色与绿色为对面。所以选C。

6. 分析：教练下令"单数"运动员出列时，教练只要下五次命令，就能知道剩下的那个人是谁。此人在下第五次令之前排序为2，在下四次令之前排序为4，在下三次令之前排序为8，在下两次令之前排序为16，在下一次令之前排序为32，即32号运动员。而后者，双数运动员出列时，我们可以得出剩下的是1号运动员。

因此：前者32号，后者1号。

7. 这道题如果换一个问的方式，就很好回答，要是一只钟是停的，而另一只钟每天慢一分钟，你会选择哪个呢？当然你会选择每天只慢一分钟的钟。

本题就是这样，两年准一次，也就是一天慢1分钟，需要走慢720分钟，也就是24小时，才能再准一次，也就是需要两年。而每天准两次的钟是停的。

因此，选择每年准两次的钟。

8. 切下管子的BB端，装到另一端，成为BBWWWWBB；或者如果可以歪曲管子也可以达到这个效果。

9. 我们知道，八双袜子的材质和大小完全相同。因此，可以让他们把标签撕下来，按顺序每人取一只，重新组合在一起就可以了。

10. "男女"的房间。

分析：因为确定每个牌子都是错的，所以挂有"男女"牌子的房间一定是只有"男"或只有"女"。很容易就能判断出来了。确定了这个，其他两个也就出来了。

11. 分析：第一步：点燃蜡烛A的两头，并点燃蜡烛B的一头，燃完蜡烛A需用30分钟。

第二步：当蜡烛A燃烧完后，再点燃蜡烛B的另外一头，待蜡烛B燃烧完后，用15分钟。

12. 10 年可能有 3653 或者 3652 天。

分析：

假如，第 1 年为闰年，则第 5 年，第 9 年也为闰年。共 3563 天。

假如，第 2 年为闰年，则第 6 年，第 10 年也为闰年。共 3563 天。

假如，第 3 年为闰年，则第 7 年为闰年，共 3652 天。

假如，第 4 年为闰年，则第 8 年为闰年，共 3652 天。

13. 分析：

第一步：A、B 过花时间 2 分钟。

第二步：B 回花时间 2 分钟。

第三步：C、D 过花时间 10 分钟。

第四步：A 回花时间 1 分钟。

第五步：A、B 再过花时间 2 分钟。

14. 分析：

第一步：打开开关 A，5 分钟后关闭开关 A；

第二步：打开开关 B；

第三步：进入卧室，开关 B 控制的是亮着的灯，用手去摸不亮的灯，发热的是开关 A 控制的灯，不发热的是开关 C 控制的灯！

15. 环形摆放。

分析：如果想使 5 根铅笔首尾相接，也就是说每根铅笔的头部要与另一支铅笔的尾部相接，这样才能达到 5 根铅笔首尾相接的效果。所以将它们组成一个封闭的图形，所以应将它们按照环行摆放。

16. 分析：两个犯人都想：

如果对方坦白：我坦白，5 年；我不坦白，10 年。坦白更好；

如果对方不坦白：我坦白，1 年；我不坦白，3 年。坦白更好。

因此他们都选择了"坦白"。

17. 分析：43。其读音是"四十三"，去掉"四"为"十三"，去掉"三"为"四十"。即这个数字是"四十三"。

18. 只要把药片全部碎成粉末，搅匀后平均分成 20 份，一天吃一份。

19. 一共需要 10 架飞机。

假设绕地球一圈为 1，每架飞机的油只能飞 1/4 个来回。从原机（也就是要飞地球一圈的飞机）飞行方向相同的方向跟随加油的飞机以将自己的油一半给原机为原则，那跟随飞机就只能飞 1/8 个来回。推理得以四架供一架飞机飞 1/4 的方法进行，那么原机自己飞行 1/4 到 3/4 的那段路程，0 至 1/4 和 3/4 至 4/4 由加油机加油供给，就是给 1/2 的油，原机就能飞 1/4 了，所以跟随和迎接两个方面分别需要加油机在 1/4 处分给原机一半的油，加油机在 1/4 处分完油飞回需 4 架飞机供油，所以综上所述得（1 + 4）×2 = 10。

20. 在国王宣布过第一条命令后，过了一段时间，仍没人被释放。因此，可以证明 3 顶帽子中没有 2 顶红帽，也可以说三个人中可能有 2 黑 1 红，或者 3 黑。于是出现了两种情况：假设 A 戴的是红帽，于是他就看见了 2 顶黑的。B 和 C 都可以看见 1 黑 1 红。但是既然红的在 A 头上，那么 B 和 C 都是黑的。那么 B 和 C 早就能确定自己戴的是黑帽。所以 A 不可能戴红帽。因此 A 推定自己头上戴的肯定是黑帽。因为只有出现 3 顶黑帽，才没有人敢确定红帽是否在自己头上。聪明的你想到了吗？

21. 从杰克的猜测中，我们可知只有"汤姆斯买的肯定不是皇冠车"这种猜测是正确的，那么他买的就只能是本田或奔驰。吉米应该买的不是奔驰，只能是皇冠或本田，那么吉米买的是皇冠车，瑞恩买的是奔驰车，汤姆斯买的是本田车。

22. 因为 1 号、2 号、3 号三人共得分为 $22 + 9 + 9 = 40$ 分，又因为三名得分均为正整数且不等，所以前三名得分最少为 6 分。$40 = 5 \times 8 = 4 \times 10 = 2 \times 20 = 1 \times 20$，不难得出项目数只能是 5。即 $N = 5$。

1 号总共得 22 分，共 5 项，所以每项第一名得分只能是 5，$22 = 5 \times 4 + 2$，故 1 应得 4 个第一名 1 个第二名，第二名得 1 分。又因为 2 号百米得第一，所以 1 号只能得这个第二。

2 号共得 9 分，其中百米第一 5 分，其他 4 项全是 1 分，$9 = 5 + 1 + 1 + 1 + 1$。即 2 号除百米第一外全是第三，跳高第二必定是 3 号所得。

23. 因为 21 岁的女孩不是去了 A 岛（印玉）（条件三），所以，21 岁的是张虹。所以可推断，19 岁的是印玉。

张虹 21 岁，1 个或 2 个蛋

印玉 19 岁，A 岛，1 个或 2 个蛋

东晴 18 岁

西雨 20 岁，3 个蛋

假设张虹有 2 个蛋的话，那么印玉就有 3 个（条件三），这与条件四相互矛盾的。所以，张虹是 1 个，印玉是 2 个。因此可知，C 岛是发现了 2 个（条件五），去 C 岛的是东晴。

根据条件六可知，张虹去了 D 岛，剩下的西雨去了 B 岛。

所以，结果就是：

张虹 21 岁，D 岛，1 个

印玉 19 岁，A 岛，2 个

东晴 18 岁，C 岛，2 个

西雨 20 岁，B 岛，3 个

24. 小圆能转 3 周。

分析：两圆的直径分别为 2、4，那么半径分别为 1、2。假如把大

圆剪开并拉直，那么小圆绕大圆转一周，就变成从直线的一头移动到另一头。因为这条直线长就是大圆的周长，是小圆周长的 2 倍，所以小圆需要滚动 2 圈。

但现在小圆在沿大圆滚动的同时，自身还要作转动。小圆在沿着大圆滚动 1 周并回到原出发点的同时，小圆自身也转了 1 周。如果小圆在大圆的内部滚动，其自转的方向与滚动的转向相反，因此小圆自身转了 1 周；如果小圆在大圆的外部滚动，其自转的方向与滚动的转向相同，因此小圆自身转了 3 周。

25. 甲班班长懂计算机。

分析：一与二是等值关系，真假情况完全相同，假如三真，那么二也是真的。因为这三个判断中只有一个是真的，所以只能是二与三假，一真。

一如果是假的，意味着"甲班所有的同学懂计算机"真，这是因为二与"甲班所有的同学懂计算机"是矛盾关系。既不可以同时是真的，也不可以同时都是假的，如果有一个是假的，那么另一个必定是真的。另外，如果甲班所有的同学懂计算机，那么说明甲班班长也懂计算机。

26. C 工厂参加鉴定。

分析：

如果 B 工厂不参加鉴定，那么 A 工厂也不参加。

已知 A 工厂参加鉴定。所以，B 工厂参加鉴定。

又已知如果 B 工厂参加鉴定，那么 A 工厂和 C 工厂也要参加。

所以，A 工厂参加时，C 工厂也会参加。

27. 岳飞。孙某说："如果我不知道的话，张某肯定也不知道。"那名字和姓肯定有多个选择的，排除沈万三和张良，把姓沈和姓张也同时排除。现在剩下：赵括、赵云、赵鹏、岳飞、岳云。张某说："刚才我不知道，听孙某一说，我现在知道了。"所以肯定是多选的排除：那就是"云"，剩下：赵括、赵鹏、岳飞。

最后：孙某说："哦，我也知道了。"那姓肯定是唯一的，那只有"岳飞"了。

28. 分析：想要使三个人都得到心理平衡，分汤的方法就必须要公平、公正、公开。因此，可以得出以下结论：

第一步：让第一个人将汤分成他认为均匀的三份。

第二步：让第二个人将其中两份汤重新分配，分成他认为均匀的两份。

第三步：让第三人第一个取汤，第二人第二个取汤，第一人第三个取汤。

29. 把软木塞按进去。

30. 分析：如果真的是她老公杀的话，死者就不可能说："他不知道我在录音，我要关录音机了。"如果被杀者录音并不被杀人者所知，录音不会有惨叫声，这样杀人者就可能知道录音机所在何处，离开时也会同时把录音机销毁，就不会存在这个录音了。

31. 选 A。

在选项 B 中，有免费师范生入学，一定有贫寒生入学，因为免费师范生是贫寒的。

C 选项免费师范生一定贫寒，一定参加勤工助学，没参加勤工助学的一定不是免费师范生。

D 有些参加勤工助学的指的就是那些 2007 秋季入学的免费师范生。排除的 A 错误，原因在于那年勤工助学的可能就是那几个免费师范生，没其他人。

32. 选 C。二正确，因为肯定有中老年教员办人寿保险，所以肯定没办财产保险。三正确,买四居室以上都办了财保,办人寿的没办财保,办财保的也肯定没办人保,所以这些大户都没办人保。一不能断定,大多数买人保,也可以有人买了四居室以下也没买人保的。

33. 选D。由题目得,第一和第四个杯子一定有句真话,因为这两句话是矛盾的。假设第一个杯子是真话,第二个杯子就是假话,第三个杯子是真话,有两句真话矛盾。所以第四个杯子说的是真话,其他三个杯子都是假话!A排除。B也排除,因为有些杯子没有糖,有些杯子是有的,例如,第一个杯子有糖,第二个有糖,第三个有巧克力,第四个有苹果。由此可以看出,C也不对。只有D是真的,如果第三个杯子没有巧克力,那么就有两句话是真的了。

34. 分析:第一步:猎人与狼先乘船过去,放下狼,回来后再接女人的一个孩子过去。

第二步:放下孩子将狼带回来,然后一同下船。

第三步:女人与她的另外一个孩子乘船过去,放下孩子,女人再回来接男人。

第四步:男人和女人同时过去,然后男人再放下女人,男人回来下船,猎人与狼再上去。

第五步:猎人与狼同时下船,然后,女人再上船。

第六步:女人过去接男人,男人划过去放下女人,回去接自己的一个孩子。

第七步:男人放下自己的一个孩子,把女人带上,划回去,放下女人,再带着自己的另外一个孩子。

第八步:男人再回来接女人。

35. 甲是北区人;乙是南区人,获得铜牌;丙是中区人;丁是局外人,获得金牌;戊是局外人,获得银牌。

分析：说话者之中有一个是南区人，一个是中区人，一个是北区人，另外两个是局外人。

戊第三句话是真实的，乙的第四次陈述是真实的，因为戊可以肯定要么是中区人，要么是两个局外人之一。

丙第一句可能是虚假的，也可能是真实的。如果是真实的，乙要么是南区人，要么是两个局外人之一。如果是假的，那么丙就是中区人。

丁第四句陈述，即丙不是北区人，是真实的。因此，乙、丙、丁、戊每个人至少有一句真实的陈述。因此，甲是北区人，此陈述是假的。

甲第二句陈述，即乙不是南区人，是虚假的。那么，乙是南区人，此说法是真的。

乙第一句陈述，即丙的第一句陈述是虚假的，所以丙是中区人。

丙第一句和第三句是虚假的，第二句和第四句陈述是真实的。以此，也可以推出丁和戊是两个局外人。

甲第三句陈述是虚假的，丁赢得了金牌。

乙第一句陈述是真实的，戊赢得了银牌。

丙第三句陈述，即乙没有赢得铜牌，是虚假的，乙赢得了铜牌。

丁第一句和第四句陈述是真实的，第二句和第三句陈述是虚假的。

戊第二句和第三句陈述是真实的，第一句和第四句陈述是虚假的。

36. 从题意中可以很明显地发现小甜和小蜜并不是主人，而是水缸里养的两条金鱼，所以李管家并没有报警。因为没有其他人在房间，而水缸是不会自己翻倒的。安卡一日后被解雇了，因为她在工作中太不小心，打碎了水缸，致使两条金鱼意外死亡。

所以，李管家把安卡解雇了。

37.3 条病狗。

分析：

假如有 1 条病狗，那主人肯定不能看自己家的狗，出去没有发现病狗，但村长却说有病狗。他就会知道自己家的狗是病狗，那么第一天就应该有枪声，但是事实上大家并没有听到枪声，因此推出病狗不是一条。

假如有 2 条病狗，设为甲家和乙家。第一天甲和乙各发现对方家的狗是病狗，但是第一天没有听到枪响。第二天就会意识到自己家的狗也是病狗。接着第二天就应该有枪响，但事实上也没有，所以 2 条病狗也不对。

假设有 3 条病狗，设为甲、乙、丙家。第一天甲、乙、丙各发现 2 条病狗，他们就会想第二天晚上就会有枪响，但是第二天晚上没枪响，第三天晚上他们就会意识到自己家的狗也有病，所以开枪杀狗。因此通过假设，我们可以看出这个村里有 3 条病狗。

38. 分析：如果是一天早上 8 点，有"两个"和尚分别从山上的庙和山脚同时出发，并且只有一条路可走，你想他们是不是一定会相遇。换一种说法，就是小和尚在同一钟点到达山路上的同一地点。

回到问题，星期一和星期二都是 8 点出发，又是相向的走同一条路，如果能跨越时间思维的局限，星期一和星期二都是 8 点出发看成是小和尚有分身之术，同一天的 8 点分别从山上的庙和山脚出发"今天的小和尚必然和昨天的自己"相遇就不难理解了。这样，就能理解小和尚能在同一钟点到达同一地点了。

39. 一共有 15 艘船。

分析：首先我们先想一下，从美国纽约开往勒阿佛的海航线上总会有 7 艘轮船，只有每天中午时，只有 6 艘轮船，每两艘轮船相距一天路程。今天中午从勒阿佛开出的船每半天（12 小时）会遇到一艘从纽约来的船横渡大西洋一次的时间是 7 天 7 夜，本应是会遇到 14 艘，可是从勒阿佛开出的船是中午开出。因此最后一艘是在美国纽约遇到的，第一艘是在法国勒阿佛遇到的，所以正确答案是：路途中遇到 13 艘从纽约来的船。然后，还要加上在勒阿佛遇到的刚刚到达的从纽约来的一艘船，还要加上在美国遇到的准备出发的一艘船。

40. 分析：第一次称量：天平左端放 27 个球。右端也放 27 个球。有两种可能性：A 平衡、B 不平衡。如果平衡了，那么下一次就以余留的 80－27－27＝26 个球作为研究对象。如果不平衡，那么选择轻的一端的 27 个球作为第二次称量的物品。

第二次称量：天平左右两边都放 9 个球。研究对象中还有 8～9 个球没有放入天平中。有两种可能性：A 平衡 B 不平衡。如果平衡了，那么下一次就以余留的 8～9 个球作为研究对象。如果不平衡，那么就选择轻的一端的 9 个球作为下次称量的物品。

第三次称量：左右两边各放 3 个球。研究对象中还有 23 个球没有放入天平中。有两种可能性：A 平衡 B 不平衡。如果平衡了，那么下一次就以余留的 2～3 个球作为研究对象。如果不平衡，那么就选择轻的一端的 3 个球作为下一次称量的物品。

第四次称量：天平的左右两边各放 1 个球。研究对象中还有 0～1 个球没有放入天平中。有两种可能性：A 平衡 B 不平衡。如果平衡了，那么余留的另一个球就是要找的球。如果不平衡，那么轻的一端就是你要找的球。

41.9 月 1 号。

分析：首先，我们来分析一下这 10 组日期，经观察不难发现，只有 6 月 7 日和 12 月 2 日这两组日期的日数是唯一的。由此可以看出，假如小红知道的 N 是 7 或者 2，那么她肯定知道老师的生日是哪一天。

其次，我们来分析一下小刘说的话，小刘说："如果我不知道的话，小红肯定也不知道"，而该 10 组日期的月数分别为 3，6，9，12，而且相应月的日期都有两组以上，所以小刘得知 M 后是不可能知道老师生日的。

进一步分析，小刘说："如果我不知道的话，小红肯定也不知道"，通过结论 2 我们可知小红得知 N 后也绝不可能知道。

然后，结合 1 和 3 的分析，可以推断：所有 6 月和 12 月的日期都不是老师的生日，因为如果小刘得知的 M 是 6，而若小红的 N = 7，则小红就知道了老师的生日。

同样的道理，如果小刘的 M = 12，若小红的 N = 2，则小红同样可以知道老师的生日。即：M 不等于 6 和 9。现在只剩下"3 月 4 日、3 月 5 日、3 月 8 日、9 月 1 日、9 月 5 日"五组日期。而小红知道了，所以 N 不等于 5（有 3 月 5 日和 9 月 5 日），此时，小红的 N ∈（1, 4, 8）注：此时 N 虽然有三种可能，但对于小红只要知道其中的一种，就得出结论。所以有"小红说：本来我也不知道，但是现在我知道了"，通过这样的推理，最后就剩下"3 月 4 日、3 月 8 日、9 月 1 日"三个生日。

分析"小刘说：哦，那我也知道了"，说明 M = 9，N = 1，（N = 5 已经被排除，3 月份的有两组）。因此正确答案应该是 9 月 1 日。

42. 江小姐养蛇。

分析：左、左二、中、右二、右

赵、陈、钱、江、翁

黄、蓝、红、绿、白

开水、茶、牛奶、咖啡、香槟

梨、橘子、西瓜、香蕉、苹果

猫、鱼、鸟、蛇、狗

43. 洪与江、李与王、赵与徐、张与杨为夫妻。

分析：首先分析性别，因为李的爱人是洪的爱人的表哥，所以说明李是女性，当然，与李在结婚前同住在一个宿舍的徐和张也为女性。所以我们得出了：

男：赵、洪、王、杨

女：李、徐、张、江

接下来分析夫妻关系，从洪入手，因为洪夫妇和邻居吵架，徐、张、王来帮忙，说明了洪的对象不能是徐和张。

所以洪的对象有两个可能：李和江。但是由于李的爱人是洪的爱人的表哥，所以否定了李，洪与江是对象。

接下来分析李的爱人：因为洪夫妇与邻居吵架，徐、张、王都来助阵，这里只有王是男性，而且李的爱人是洪的爱人的表哥。所以说明王很有可能就是江的表哥，也就是李的丈夫。这样我们分析出了王与李是一对。

剩下的男性还有赵和杨，女性还有张和徐。第一句说了：赵结婚的时候张来送礼，说明赵不是和张结婚，所以赵和徐是夫妻。而张和杨是夫妻。

44．选 B。

分析如下：

甲：只要考试不黑，我肯定能考上。因为不黑，所以甲考上了。

乙：即使考试不黑，我也考不上。因为不黑，他可能考不上。

丙：如果考试不黑，我就能考上。因为不黑，所以他考不上。

丁：如果考试很黑，那么，我肯定考不上。因为不黑，他有可能考上或是考不上。

上面四种分析后没有出现冲突，因此选 B。

45．选 A。

分析：在世界总人口中，男女比例相当，但是，黄种人跟黑种人相比多得多。在白种人中，男性比例大于女性，由此可见：

（1）黄男＋黄女＞黑男＋黑女

（2）黄男＋黑男＋白男＝黄女＋黑女＋白女

（3）白男＞白女

通过（3）和（2）

推出（4）：黄女＋黑女＞黄男＋黑男

结合（1）和（4）相加，

得出（5）：黄男＋黄女＋黑女＋黄女＞黑男＋黑女＋黄男＋黑男

所以：黄女＞黑男

46. 第一步：先把 5 升的灌满，倒在 6 升里，这时 6 升的壶里有 5 升水。

第二步：再把 5 升的灌满，用 5 升的壶把 6 升的灌满，这时 5 升的壶里剩 4 升水。

第三步：把 6 升的水倒掉，再把 5 升壶里剩余的水倒入 6 升的壶里，这时 6 升的壶里有 4 升水。

第四步：把 5 升壶灌满，倒入 6 升的壶，5－2＝3。

47. 把第二个满着的杯子里的水倒到第五个空着的杯子里。

48. 小黄。因为小李是第一个出手的，他要解决的第一个人就会是小林，这样就会保证自己的安全，因为如果小黄被解决，自己理所当然地会成为小林的目标，他也必定会被打死。而小黄如果第一枪不打小林而去打小李，自己肯定会死（他命中率较高，会成为接下来的神枪手小林的目标）。他必定去尝试先打死小林。那么 30%、50% 的概率是 80%（第一回合小林的死亡率，但会有一点点偏差，毕竟相加了）。那么第一回合小黄的死亡率是 20% 多一点点（小林的命中率减去自己的死亡率）。假设小林第一回合死了，就轮到小李打小黄了，那么小李的命中率就变成了 50% 多一点点（自己的命中率加上小黄的死亡率）。这样就变成了小李小黄对决，第二回合的小李的第一枪命中率是 50%，小黄也是。可是如果拖下去的话占上风的自然就是小黄了，可能赢的也自然是小黄了。至于策略我看大家都领悟了吧。

49. 要想让新放的硬币不与原先的硬币重叠，两个硬币的圆心距必须大于直径。也就是说，对于桌面上任意一点，到最近的圆心的距离都小于2，所以，整个桌面可以用 n 个半径为2的硬币覆盖。把桌面和硬币的尺度都缩小一倍，则长、宽各是原桌面一半的小桌面，就可以用 n 个半径为1的硬币覆盖。那么，把原来的桌子分割成相等的4块小桌子，每块小桌子都可以用 n 个半径为1的硬币覆盖，因此，整个桌面就可以用 $4n$ 个半径为1的硬币覆盖。

50. 方块5。

51. 15% ×80% / （85% ×20% +15% ×80%）

52. 设前进路程为 x，则每次赚到的钱为 $f(x) = (60-2x) \times x$，当 $x=15$ 时，有最大值450。即在15千米处赚钱最多，450元。总共 $450 \times 4 = 1800$ 元。

53. 6种结果。

大、中、小：（2 \ 30 \ 68）（5 \ 25 \ 70）（8 \ 20 \ 72）（11 \ 15 \ 74）（14 \ 10 \ 76）（17 \ 5 \ 78）

54. 因为 1=5，所以 5=1。

55. 2元。

56. M=5，C得第二名。

因为 ABC 三人得分共40分，三名得分都为正整数且不等，所以前三名得分最少为6分，40 =5 ×8 =4 ×10 =2 ×20 =1 ×20，不难得出项目数只能是5，即 M=5。

A 得分为22分，共5项，所以每项第一名得分只能是5，故 A 应得4个第一名1个第二名，22 =5 ×4 +2，第二名得2分，又 B 百米得第一，$9 = 5 + 1 + 1 + 1 + 1$ 所以跳高中只有 C 得第二名。

B 的 5 项共 9 分，其中百米第一 5 分，其他 4 项全是 1 分，$9 = 5 + 1 + 1 + 1 + 1$，即 B 除百米第一外全是第三，跳高第二必定是 C 所得。

57. 先拿下第一楼的钻石，然后在每一楼把手中的钻石与那一楼的钻石相比较，如果那一楼的钻石比手中的钻石大的话那就把手中的钻石换成那一层的钻石。

58. 主要是因为如果是方的、长方的或椭圆的，盖子很容易掉进地下道！但圆形的盖子嘛，就可以避免这种情况了。另外，圆形的盖子可以节省材料，增大洞口面积，井盖及井座的强度增加不易轧坏。

59. 天平一边放 $7 + 2 = 9$ 克砝码，另一边放 9 克盐。

天平一边放 7 克砝码和刚才得到的 9 克盐，另一边放 16 克盐。

天平一边放刚才得到的 16 克盐和刚才得到的 9 克盐，另一边放 25 克盐。

60. 如果轮到第四个海盗分配：100，0

轮到第三个：99，0，1

轮到第二个：98，0，1，0

轮到第一个：97，0，1，0，2，这就是第一个海盗的最佳方案。

61. 这堆桃子至少有 3121 只。

第一只猴子扔掉 1 个，拿走 624 个，余 2496 个；

第二只猴子扔掉 1 个，拿走 499 个，余 1996 个；

第三只猴子扔掉 1 个，拿走 399 个，余 1596 个；

第四只猴子扔掉 1 个，拿走 319 个，余 1276 个；

第五只猴子扔掉 1 个，拿走 255 个，余 4 堆，每堆 255 个。

62. 这堆椰子最少有 15621。

第一个人给了猴子 1 个，藏了 3124 个，还剩 12496 个；

第二个人给了猴子 1 个，藏了 2499 个，还剩 9996 个；

第三个人给了猴子 1 个，藏了 1999 个，还剩 7996 个；

第四个人给了猴子 1 个，藏了 1599 个，还剩 6396 个；

第五个人给了猴子 1 个，藏了 1279 个，还剩 5116 个；

最后大家一起分成 5 份，每份 1023 个，多 1 个，给了猴子。

63. 一个罐子放一个红球，另一个罐子放 49 个红球和 50 个蓝球，概率接近 75%。

第二节　考前心理减压的数字密码

1. 第一步，先将 10 斤酒倒满 7 斤的桶，再将 7 斤桶里的酒倒满 3 斤桶；

第二步，再将 3 斤的桶里的酒全部倒入 10 斤桶，此时 10 斤桶里共有 6 斤酒，而 7 斤桶里还剩 4 斤；

第三步，将 7 斤桶里的酒倒满 3 斤桶，再将 3 斤桶里的酒全部倒入 10 斤桶里，此时 10 斤桶里有 9 斤酒，7 斤桶里只剩 1 斤；

第四步，将 7 斤桶里剩的酒倒入 3 斤桶，再将 10 斤桶里的酒倒满 7 斤桶；此时 3 斤桶里有 1 斤酒，10 斤桶里还剩 2 斤，7 斤桶是满的；

第五步，将 7 斤桶里的酒倒满 3 斤桶，即倒入 2 斤，此时 7 斤桶里就剩下了 5 斤，再将 3 斤桶里的酒全部倒入 10 斤桶，这样就将酒平均分开了。

2. 首先，顾客给了小赵 50 元假钞，小赵没有零钱，换了 50 元零钱，此时小赵并没有赔，当顾客买了 20 元的东西，由于 50 元是假钞，此时小赵赔了 20 元，换回零钱后小赵又给顾客 30 元，此时小赵赔了 20 + 30 = 50 元，当小韩来索要 50 元时，小赵手里还有换来的 20 元零钱，他再从自己的钱里拿出 30 元即可，此时小赵赔的钱就是 50 + 30 = 80 元，所以小赵一共赔了 80 元。

3. 第一步：根据题意可以知道这道题是在理想情况下的。30 匹马 8 天把水喝光，马匹数加上所用天数就是 38；

第二步：25 匹马 12 天喝光水，马匹数加上所用天数是 37；

第三步：由于第一步的加和是 38，第二步的加和是 37，说明马匹数加上喝光水所用天数的和是逐次递减的；

第四步：那么 23 匹马把水喝光所用天数加上马匹数就应该是 36，所以答案应该为 36 – 23 = 13 天，即 23 匹马 13 天能把水喝光。

4. 第一步：小强考的分数、名次数和他年龄的乘积是 3256，就说明分数、名次数和年龄是 1958 的质因数；

第二步：将 1958 因式分解，得质因数 1.2.11.89；

第三步：因为这是小学生知识竞赛，所以小强的年龄不可能是 1.2，更不可能是 89，只能是 11，所以小强的年龄是 11 岁；

第四步：小强的分数是 89，相应的竞赛名次是 2。

5. 第一步：小丽花了 90 元买了一件衣服，结果 120 元卖出，此时她赚了 120 – 90 = 30 元；

第二步：小丽又花了 100 元买了另外的衣服，90 元卖出，此时她赚的钱是 90 – 100 = – 10 元，说明这次她赔了 10 元，这里的 150 元是干扰的数字；

第三步：第一步小丽赚了 30 元，但第二步她赔了 10 元，所以赚的钱数是 30 – 10 = 20 元。

总的来说小丽还是赚了，并且赚了 20 元。

6. 第一步：此时鸡妈妈数数是从后向前数，数到它自己是 8，说明它是第 8 个，它的后面有 7 只小鸡；

第二步：鸡妈妈又从前往后数数，数到它自己是 9，说明它前面有 8 只小鸡；

第三步：鸡妈妈的孩子总数应该是 15，而不是 17，鸡妈妈数错的原因是它数了两次都把它自己数进去了。

7. 第一步：在这里奶奶走得最慢，其次是妹妹，然后是洛洛、妈妈、爸爸，所以应该让走得最慢和次慢的同时过桥，也就是先让奶奶和妹妹过桥，所用时间以奶奶为准，即 23 秒；

第二步：这一次同样让走路最慢和次慢的同时过，即洛洛和妈妈过桥，所用时间以洛洛为准，即 15 秒；

第三步：这一次爸爸一个人过，所用时间是 8 秒。此时他们一家过桥一共用了 46 秒；

第四步：过完桥他们还要走两分钟的路，走完路需要时间是两分钟46 秒，此时离三分钟还有 14 秒，所以他们赶得上公交车。过桥顺序是奶奶和妹妹，洛洛和妈妈，爸爸，过桥用了 46 秒。

8. 这 50 箱苹果可以均分为 5 份，也就是分 5 次拉到县城。由于马车一次运 10 箱苹果，一箱有 30 个苹果，也就是商人进一次城时运 300个苹果，走一千米商人的儿子都要吃一个，当到达城里时，他的儿子已经吃了 49 个苹果，第二次同样他的儿子都要吃掉 49 个苹果，第三次、第四次、第五次也一样，所以最后他儿子一共吃了 $49 \times 5 = 245$ 个苹果，所以商人可以卖的苹果的总数是 $50 \times 30 - 245 = 1255$ 个苹果。

9. 此题易混淆人的做题思路。多数人认为青蛙一次跳 3 米，两次就可以跳 6 米，超过了井的深度，两次就可以跳出井。这是错误的。因为题中说"井壁非常光滑"，说明青蛙在跳到 3 米高度时，会因为触到井壁而重新落回井底，所以无论这只青蛙跳多少次，它都跳不到井外去，除非它一次跳的高度超过井的深度。

10. 设有 N 个桃子，一组 X 个孩子，二组 Y 个孩子，三组 Z 个孩子，则有 $N/X = 7$，$N/Y = 8$，$N/Z = 9$。由上式知道桃子数量是 7、8、9

的公倍数；然后算出最小公倍数 504，分别除以 7、8、9，得出小组的数量比：72：63：56；最后用 504 除以 7、8、9 的和，得出每个孩子分到的桃是 21 个。

11. 首先可以设大牛车用 x 辆，中型牛车 y 辆，小型牛车 z 辆，依题意知 $x + y + z = 100$，$3x + 2y + z/2 = 100$，然后分情况讨论即可得出答案。

12. 第一步：先假设天天有弹珠 x 个，甜甜有弹珠 y 个；

第二步：由天天的话可以得到 $x + 2 = 3y$；

第三步：由甜甜的话可以得到 $x2 = y$；

第四步：解两个式子得 $x = 4$，$y = 2$ 即为答案。

13. 因为 40 小时已经超过了一天一夜的时间，但没有超过 48 小时，所以用 48 去掉一天的时间 24 小时，剩余 16 小时，在下午 6 点的基础上再加上 16 个小时，6 点到夜里 12 点只需 6 个小时，所以剩余的 10 个小时是第二天的时间，即是第二天的上午 10 点，此时明显天是亮的，所以那时天不会黑。

14. 小军拉第一次灯时灯已经亮了，再拉第二下灯就灭了，如果照此拉下去，灯在奇数次时是亮的，偶数次是关的，所以 7 次后灯是亮的，20 次是关的，25 次灯是亮的。

15. 得到书架的三个人每个人拿出 1000 元，一共是 3000 元，将 3000 元给两个人平分，也就是两个人每人拿到 3000/2 = 1500 元，所以说，书架的价值应该是 1500 + 1000 = 2500 元。

16. 先用 40 元钱买 20 瓶饮料，得 20 个饮料瓶，4 个饮料瓶换一瓶饮料，就得 5 瓶，再得 5 个饮料瓶，再换得 1 瓶饮料，这样总共得 20 + 5 + 1 = 26 瓶。

17. 最多能将西瓜切 1024 次块，就是 2 的 10 次方。最少切 11 块。

18. 把 15 分解因数，$15 = 5 \times 3 \times 1 \times 1$ 或 $15 = 15 \times 1 \times 1 \times 1$，因此，

这个家庭 4 个儿子的年龄为 5 岁，3 岁，1 岁，1 岁或者 15 岁，1 岁，1 岁，1 岁。这 4 个儿子中，有可能有一对是双胞胎，也有可能有三个是三胞胎。

19. C 最小。

20. 两道题都做对的有 15 个人。

21. 由于每个人都看不到自己头上戴的头巾，所以，戴蓝色头巾的人看来是一样多，说明蓝色头巾比黄色头巾多一个，设黄色头巾有 X 个，那么，蓝色头巾就有 $X+1$ 个。而每一个戴黄色头巾的人看来，蓝色头巾比黄色头巾多一倍。也就是说 $2(X-1)=X+1$，解得 $X=3$。所以，蓝色头巾有 4 个，黄色头巾有 3 个。

22. 四份分别是 12，6，27，3。设这四份果冻都为 X，则第一份为 $X+3$，第二份为 $X-3$，第三份为 $3X$，第四份为 $X/3$，总和为 48，求得 $X=9$。这样就知道每一份各是多少了。

23. 这本书的价格是 4.9 元。小红口袋里就没有钱，小丽口袋里有 4.8 元。

第三节　急中生"智"的考前心理解压

1. 放下屠刀立地成佛。

2. i、c、u（I see you）。

3. 是因为飘得太久，饿死的。

4. 朱古力。

5. 因为现在正在台风眼里。

6. 台风刚过嘛，路标倒了。

7. 既然有了寡妇表明本人已死了当然不能再娶了。

8. 口袋。

9. 风流。

10. 搭车里向着与车行驶方向相反行走。

11. 春风吹又生它们一辈子也吃不完。

12. 他爱说谎。

13. 剪刀。

14. 四分钟。

15. 红萝卜。

16. 橡皮擦。

17. 大宝不在。

18. 因为他是演员，正在拍电影。

19. 因为阿发说的是自己。

20. 因为他刚刚吃完那 3/4。

21. 因为诸葛亮长得比周瑜帅。

22. 那么深的枯井他早就摔死了。

23. 老李是警察。

24. 当然是死人了。

25. 那要嘴巴干什么。

26. 他把假牙拿下来咬左眼。

27. 8 米。

28. 20 分钟。

29. 92 块。

30. 18 个。

31. 4 块。

32. 9 分钟。

33. 11 包。

34. 10 人。

35. 小林跑得快。快 5 秒。

36. 苹果树 30 棵、梨树 30 棵和桃树 20 棵。

37. 一堆 10 千克，另一堆 18 千克。

38. 24 元。

39. 女同学多，多 10 人。

40. 大客车上现在有 27 人。

41. 给一个。

42. 25 人。

43. 15 元。

44. 10 点、13 点、16 点。

45. 穿着救生衣。

46. 谜底。

第二章　越玩越记牢——考前身体放松

第一节　考前试试与物理巧妙博弈

1. 这是由于秒针在"9"位置处受到重力矩的阻碍作用最大。

2. 这是由于水从水龙头冲出时引起水管共振的缘故。

3. 因为闪光灯和照明灯在电视屏上的反射光会干扰电视画面的透射光。

4. 走样的镜子，人距镜越远，由光放大原理，镀银面的反射光到达的位置偏离正常位置就越大，镜子就越走样。

5. 可以看见气球运动的路线曲折多变。这有两个原因：一是吹大的气球各处厚薄不均匀，张力不均匀，使气球放气时各处收缩不均匀而摆动，从而运动方向不断变化；二是气球在收缩过程中形状不断变化，因而在运动过程中气球表面处的气流速度也在不断变化，根据流体力学原理，流速大，压强小，所以气球表面处受空气的压力也在不断变化，气球因此而摆动，从而运动方向就不断变化。

6. 是因为外界的冷空气乘机钻入保温瓶，瓶塞塞上后，冷空气被封闭在瓶子内并与热开水发生了热传递，冷空气温度升高，气体受热膨胀对外做功，就把塞子推出瓶口，这时只要轻轻塞上瓶塞，然后摇动几下保温瓶，使开水蒸发出大量水蒸气，把冷空气这不速之客从保温瓶中赶出去，然后按紧瓶塞后就无后顾之忧了。

7. 因为双层玻璃中间有一个空气层，而空气不易传热，能起到保温和隔音的作用，因而教室一般要装双层玻璃窗。

8. 因为油层阻碍了水的蒸发，因而不易冷却。

9. 这是因为这种凉水壶是用陶土做成的，水可以渗透出来，渗透到容器外壁的水会很快蒸发，而水蒸发时要从容器和它里面的水里吸收大量的热量。当水温很快降低到和容器外的水温相同时，水还会渗透，蒸发，还要从水中吸热，使水温继续降低。但因为水温低于气温后，水又会从周围空气吸收热量，使水温不会降得过低。

10. 因为这样的话，热量散失的速度就慢得多，其保温效果会更好。灌满，以为这样保温效果最好，事实并非如此。当水灌满时 100℃ 的水直接向外传递热量。

11. 因为从视差的分析，远处的物体相对观察者移动缓慢，近处的快。

12. 摩托车做飞跃障碍物的表演时为了减少向前翻车的危险，应该后轮先着地。

13. 水星，金星，地球，火星，土星，木星，天王星，海王星，冥王星。

14. 世界上有两种波——横波和纵波，当岩体突然断裂产生切变时发生地震。断裂减轻了切变，同时岩矿体发生短暂的颤动，颤动时发出波。一次地震能发出所有类型的波。另外，爆炸只发出一种纵波。仅有纵波的"地震"，总是人为的"地震"，这是无法保守的秘密。

15. 原来，罚"香蕉球"的时候，运动员并不是拔脚踢中足球的中心，而是稍稍偏向一侧，同时用脚背摩擦足球，使球在空气中前进的同时还不断地旋转。这时，一方面空气迎着球向后流动，另一方面，由于空气与球之间的摩擦，球周围的空气又会被带着一起旋转。这样，球一侧空气的流动速度加快，而另一侧空气的流动速度减慢。物理知识告诉我们：气体的流速越大，压强越小（伯努利方程）。由于足球两侧空气的流动速度不一样，它们对足球所产生的压强也不一样，于是，足球在空气压力的作用下，被迫向空气流速大的一侧转弯了。

16. 贴近小孔一看，就可以猜出来。由于透过小玻璃片看到室外是个"缩小"的人——一个正立缩小的虚像，所以它是一枚小小的凹透镜。

当光在两种媒质分界上反射和折射时，光路是可逆的。也就是说，如果光线逆着反射光线的方向射到界面，它将逆着原来入射光线方向反射；如果光线逆着折射光线方向射到界面，它将逆着原来入射光线方向折射。

17. 是因为银幕产生了光的漫反射。

18. 是空气把袜子和脚粘在了一起，同时水分子之间的引力也起了作用。

干袜子和脚之间原来有一层空气，袜子的内外层都受到大气压的作用，脱袜不必克服大气压的压力。袜子湿透了，袜子和脚之间的空气都排掉了，袜子的空隙充满了水以后成了一个封闭的整体，外面的空气进不到袜子和脚之间，大气压从袜子外面把袜子紧紧地压在脚上，所以脱湿袜子还要克服大气压力很不容易。不是袜子粘在了脚上，而是被压在脚上。

另外，袜子和脚上都有水，水分子之间有引力，脱袜子时还要多克服水分子间的吸引。由于上述两个原因，脱湿袜子比脱干袜子困难一些。

19. 经验告诉我们，把一件东西放在水里提拉的时候，觉得它比在水外边要轻些。这说明把一个物体放在液体内，液体就要给物体一个向上的托力，这种托力叫做浮力。

一个物体在液体中所受的浮力究竟有多大呢？阿基米德定律作了回答：浸在液体里面的物体，都会受到一个浮力，它的大小等于物体所排开的液体的重量。明白了这个定律，就不难解释元宵、饺子沉浮的道理了。

拿元宵来说，刚下锅的时候，是个实心疙瘩，这时它的密度（单位体积的质量）比水大（水的密度是 1 克/立方厘米）。虽然它排开水的体积和自身的体积相等，但元宵的重量却比所排开水的重量大，也就是说，元宵所受的浮力（向上）小于它的重量（向下），所以生元宵向下沉。

20. 其实这个魔术的窍门在子弹上。总共有 3 颗子弹，2 颗是真的，1 颗是假的。起初，观众拿的是一颗真子弹，当托里尼把它推上镗时换成了假子弹。这颗子弹看上去和真的一模一样，只是一受到压力就会粉碎。因此，一开枪它就马上散成无数细粒，像灰尘一样四处飞扬，观众看来还以为是子弹射出后的火药烟尘。当然，苹果中的子弹是事先埋藏在里面的真子弹，它当然与托里尼向观众出示的那颗真子弹一模一样。

这个魔术的关键是制造假子弹，它既要在外形上与真子弹一模一样，又必须在枪击的压力下碎成粉末，有一位魔术师为节约成本，表演时用的子弹是在"肥皂弹"的外面滚拌上石墨粉。可是，有一天晚上演出时，"肥皂弹"出了事故，它没有粉碎，结果打在表演者的脸上，使他受了重伤。原因在于那颗"肥皂弹"因放置时间较长，肥皂本身干涸了，结果射出以后没有粉碎。

21. 通过狭缝观察发光的日光灯时看到的彩色条纹，这些现象分别属于光的反射、色散和衍射。

22. 这是因为水滴、锅和锅内的水三者保持热传导，温度大致相同，只要锅内的水未沸腾，水滴也不会沸腾，水滴在火焰上靠蒸发而渐渐地被烧干。

23. 这是由于喷嘴处天然气的气流速度大，根据流体力学伯努力原理，流速大，压强小，气流表面压强小于侧面孔外的大气压强，所以天然气不会从喷管侧面小孔喷出。

24. 实际上这个说法是错误的。手触电时，由于电流的刺激，手会由痉挛到麻痹。如果是手的掌心或手指与掌心的同侧部位触电。刚触电时，手因条件反射而弯曲，而弯曲的方向恰使手不自觉地握住了导线。这样，加长了触电时间，手很快地痉挛以致麻痹。这时即使想到应松开手指、抽回手臂，已不可能，形似被"吸住"了。

25. 正确的打秋千动作：人从高处摆下来的时候身子是从直立到蹲下，而从最低点向上摆时，身子又从蹲下到直立起来。由于他从蹲下到站直时，重心升高，无形中就对自己做了功，增大了重心势能。因而，每摆一次秋千，都使打秋千的人自身能量增加一些。如此循环往复，总能量越积越多，秋千就摆得越来越高了。

26. 旋转运动能赋予子弹沿弹道飞行时所需的稳定性。为使子弹旋转，在枪膛内壁刻成了螺旋形的槽，这样子弹射出后就像陀螺仪那样围绕自身的轴均匀旋转。这种效应也表现在其他的物体上，比如旋转运动能使陀螺玩具高速自转时"不倒"。

27. 如果假设的地球隧道内没有空气，那么，进去的人就会像一种飘浮不定的物体来回振荡。在将人抛入隧道时，势能转换为动能的过程就开始了。人跌入隧道的速度越来越快，直至地球的中心，经过此点后，人的下跌还会继续，但速度会慢下来，因为地球引力开始对运动起作用。实际上，动能还会转变为势能，一旦到达隧道出发点的对立点上，上述过程又会重新开始。如果隧道中有空气，情况就截然不同了。事实上，摩擦会消耗部分能量，在一定的振荡之后运动的幅度就会减小。

28. 温度是物质热运动的量度，由于人们过去认为宇宙空间没有物质存在，所以也就谈不到温度，是一片死寂的真空。但实际上，虽然星际空间的物质极为稀薄，在一些地方甚至没有任何化学成分的踪迹，但实际上整个宇宙充满了大爆炸后留下的遗迹——电磁辐射，它使宇宙空间"变暖"了，可以测量到它的温度为绝对温度 3K（－270℃）。这是由阿尔诺·彭齐亚斯和罗伯特·威尔逊在 20 世纪 60 年代发现的，他们因此获得了 1978 年的诺贝尔物理学奖。

29. 笔杆内都有空气，这些空气对杆内的油墨（或墨水）具有压力。如果笔嘴外的大气压和杆内气压相等，油墨就不会被压出来。如果笔杆没有小孔，笔杆内外的气压就有可能不相等，例如：人体的热能使笔杆内的空气温度升高，空气受热膨胀压力增大，就会把油墨压出来。

乘搭飞机到高空时，机舱内的气压调校得比地面的气压低（约为地面大气压的 60%）。这时，笔杆内的气压比机舱大，就把油墨压出来。

因此，笔杆的小孔是使杆内外的气压平衡，防止油墨从笔嘴漏出来。

30. 经过反复调查，终于弄清了制造上述惨案的"凶手"，是一种为人们所不很了解的次声的声波。次声波是一种每秒钟振动数很少、人耳听不到的声波。次声的声波频率很低，一般均在 20 兆赫以下，波长却很长，传播距离也很远。它比一般的声波、光波和无线电波都要传得远。例如，频率低于 1 赫的次声波，可以传到几千米至上万千米以外的地方。1960 年，南美洲的智利发生大地震，地震时产生的次声波传遍了全世界的每一个角落！

1961 年，苏联在北极圈内进行了一次核爆炸，产生的次声波竟绕地球转了 5 圈之后才消失！

次声波具有极强的穿透力，不仅可以穿透大气、海水、土壤，而且还能穿透坚固的钢筋水泥构成的建筑物，甚至连坦克、军舰、潜艇和飞机都不在话下。次声穿透人体时，不仅能使人产生头晕、烦躁、耳鸣、恶心、心悸、视物模糊，吞咽困难、胃痛、肝功能失调、四肢麻木，而且还可能破坏大脑神经系统，造成大脑组织的重大损伤。

为什么次声波能置人于死地呢？

原来，人体内脏固有的振动频率和次声频率相近似（0.01～20赫），倘若外来的次声频率与体内脏的振动频率相似或相同，就会引起人体内脏的"共振"，从而使人产生上面提到的头晕、烦躁、耳鸣、恶心等一系列症状。特别是当人的腹腔、胸腔等固有的振动频率与外来次声频率一致时，更易引起人体内脏的共振，使人体内脏受损而丧命。前面开头提到的发生在马六甲海峡的那桩惨案，就是因为这艘货船在驶近该海峡时，恰遇上海上起了风暴。风暴与海浪摩擦，产生了次声波。次声波使人的心脏及其他内脏剧烈抖动、狂跳，以致血管破裂，最后死亡。

次声波虽然无形，但它却时刻在产生并威胁着人类的安全。在自然界，例如太阳磁暴、海峡咆哮、雷鸣电闪、气压突变；在工厂，机械的撞击、摩擦；军事上的原子弹、氢弹爆炸试验等，都可以产生次声波。

由于次声波具有极强的穿透力，因此，国际海难救助组织就在一些远离大陆的岛上建立起"次声定位站"，监测着海潮的洋面。一旦船只或飞机失事附海，可以迅速测定方位，进行救助。

31. 当一个较胖的滑雪者沿着平缓的斜坡下滑时，他与体重较轻的滑雪者到达终点的时间应该是一样的。这是因为根据牛顿第二定律，物体的加速度与它所受到的力成正比，与其质量成反比。所以，无论胖瘦，他们受到的沿下滑方向的合力（即重力、摩擦力和支撑力）与其质量的比值是相同的，因而加速度一样，速度也相同。至于下滑时由空气产生的阻力，在这种速度较慢的情况下是微不足道的。

32. 跳高运动员能腾起越过横杆，靠的是助跑的惯性力和起跳蹬地的支撑反作用力。由于惯性力的方向是水平向前的，而支撑反作用力是垂直（或近似垂直）向上的，所以起跳后的身体重心沿着一个抛物线轨迹运动。这个抛物线轨迹的高度，取决于起跳时腾起初速度和腾起角的大小，也就是说，腾起初速度和腾起角是增加跳高高度的关键。一般说来，应该尽可能增大这两项数值。最大腾起角为90°。然而，由于跳高不是单纯的垂直向上运动，越过横杆还必须有一个向前的力量；再则，还须充分利用水平速度来增大腾起初速度，因此，腾起角应小于90°。至于腾起初速度，则和运动员的素质和技术的熟练程度密切相关。腾起初速度越大，跳得就越高。当腾起角一定时，腾起初速度是起决定作用的。

33. 夏天的气温比冰棍的温度高得多，冰棍一遇到空气就要融化，融化时要从周围的空气中吸收大量的热，使空气的温度下降。平时空气里含有一定量的水蒸气，由于温度突然降低，就达到饱和或过饱和状态。也就是说，冰棍周围的空气由于温度降低，便容纳不下原来所含的那么多水蒸气了。在这种情况下，多余的水蒸气就结成微小的水珠，形成一团团飘浮着的雾状水滴，经光线照射，就成了白色的水汽。

34. 首先，由于冰屋结实不透风，能够把寒风拒之屋外，所以住在冰屋里的人，可以免受寒风的袭击。

其次，冰是热的不良导体，能很好地隔热，屋里的热量几乎不能通过冰墙传导到屋外。

最后，冻结成一体的冰屋，没有窗子，门口挂着兽皮门帘，这样可以大大减少屋内外空气的对流。

正因为如此，冰屋内的温度可以保持在零下几摄氏度到十几摄氏度，这相对于零下 50 多摄氏度的屋外，要暖和多了。爱斯基摩人穿上皮衣，在这样的冰屋里完全可以安全过冬了。当然，冰屋里的温度比起我们冬天的室内温度要低得多，而且冰屋里也不允许生火取暖，因为冰在 0℃ 以上就会融化成水。

35. 原来，冬天在室外，人手的温度较低，从嘴里呵出的气温度较高，呵出的气速度缓慢，这时热量从呵出的暖气向冷手上传递，提高了手的温度，所以手就感到暖和。刚出笼的馒头温度高，用手接触它后，使人产生烫感。向手上吹气时，吹出的气速度快，促进了空气的流动，因而加快了手上水分的蒸发，水分的蒸发又会从手上吸收热量，所以手就感觉不怎么烫了。

36. 口气的温度和体内温度相近，但比手背皮肤的温度较高，故向手背呵气时，手背感到温暖。但是，向手背快速吹气时，气流把手背的汗液迅速蒸发，液体蒸发会带走能量。同时，快速的口气，也把附近的冷空气卷过来吹到手背上。故手背就觉得凉快。

37. 电冰箱是利用蒸发制冷或汽化吸热的作用而达到制冷的目的。

电冰箱的喉管内，装有一种商业上称为氟利昂（freon）俗称雪种的制冷剂。常用的一种为二氟二氯甲烷（CCl_2F_2），是一种无色无臭无毒的气体，沸点为 29℃。

氟利昂在气体状态时，被压缩器加压，经管道流到电冰箱背部的冷凝器，借散热片散热（物质被压缩后，温度就会升高）后，冷凝而成液体。

液体的氟利昂进入蒸发器的活门之后，由于脱离了压缩器的压力，就立即化为蒸汽，同时向电冰箱内的空气和食物等吸取汽化潜热（latent heat of vaporization），引致冰箱内部冷却。

汽化后的氟利昂又被压缩器压回箱外的冷凝器散热，再变为液体，如此循环不息，把冰箱内的热能泵到箱外。

38. 电冰箱内有恒温器，以控制电源的断续，使箱内温度保持在一定的范围内，以免过冷而耗电。双门的电冰箱，门上有星形标志，以表示冷凝格（freezer compartment）的温度等级。星标的数目代表不同的温度范围。温度对冰箱中食物的储藏时期又有怎样的关系呢？

1 颗星：表示温度不高于 –6℃，食物可储藏十天。

2 颗星：表示温度不高于 –12℃，食物约可储藏一个月。

3 颗星：表示温度不高于 –18℃，食物约可储藏三个月。

4 颗星：表示温度不高于 –20℃，食物约可储藏三个月外，还可以冻结鲜食物。

39. 在晴天，由于大气没有云层阻隔，大气的热能较容易向太空散失，故晴空的气温较阴天为低。气温往往低于水汽凝结的温度。但水汽要凝结为水，必须有固体微粒作为核心——正如尘埃是雾的核心一样。

当喷气式飞机飞过后，就在路程上留下大量的烟粒（碳粒），这些烟粒正好作为水汽凝结的核心，于是就形成一道雾带。这雾带被阳光反射，就形成光亮的白雾带了。

40. 对讲演厅来说，混响时间不能太长。我们平时讲话，每秒钟发出 2~3 个单字，假定发出两个单字"物理"，设想混响时间是 3 秒，那么，在发出"物"字的声音之后，虽然声强逐渐减弱，但还要持续一段时间（3 秒），在发出"理"字的声音的时刻，"物"字的声强还相当大，因而两个单字的声音混在一起，什么也听不清楚了。但是，混响时间也不能太短，太短则响度不够，也听不清楚，因此需要选择一个最佳混响时间。不同用途的厅堂，最佳混响时间也不相同。

41. 美妙、悦耳的音乐能治病，这已为大家所熟知。但噪声怎么能用于诊病呢？最近，科学家制成一种激光听力诊断装置，它由光源、噪声发生器和电脑测试器三部分组成。使用时，它先由微型噪声发生器产生微弱短促的噪声，振动耳膜，然后微型电脑就会根据回声，把耳膜功能的数据显示出来，供医生诊断。它测试迅速，不会损伤耳膜，没有痛感，特别适合儿童使用。此外，还可以用噪声测温法来探测人体的病灶。

通常所采用的三种降噪措施，即在声源处降噪、在传播过程中降噪及在人耳处降噪，都是消极被动的。为了积极主动地消除噪声，人们发明了"有源消声"这一技术。它的原理是：所有的声音都由一定的频谱组成，如果可以找到一种声音，其频谱与所要消除的噪声完全一样，只是相位刚好相反（相差180°），就可以将这噪声完全抵消掉。关键就在于如何得到那抵消噪声的声音。实际采用的办法是：从噪声源本身着手，设法通过电子线路将原噪声的相位倒过来。由此看来，有源消声这一技术实际上是"以毒攻毒"。

42. 古人很早就思考过这个问题，提出过一些猜测。有人认为是眼睛发出光线，这些光线碰上物体，人才看见那些物体。还有人认为眼睛发出触须那样的东西，通过触摸而看到物体。这些看法都是错误的，但它说明人的认识是不断进步的。

公元11世纪，阿拉伯科学家伊本·海塞本纠正了上述看法。他认为光线是从火焰或太阳发出，射到物体上，被物体反射后进入人眼，人因此而看到物体。

现在我们知道，人眼就好像一架照相机。当发光物体发出的光或不发光物体反射的光进入眼睛，通过眼睛的折光部分在眼的视网膜上形成物体倒立的像，然后通过神经系统传到大脑，产生视觉，人就看到了物体。

43. 这个过程和现象，我们只要留心想一下，就会发现，它其中包含着丰富的物理知识。在开始的时候，肥皂泡里是从嘴里吹出的热空气，肥皂膜把它与外界隔开，形成里外两个区域，里面的热空气温度大于外部空气的温度。此时，肥皂泡内气体的密度小于外部空气的密度，根据阿基米德原理可知，此时肥皂泡受到的浮力大于它受到的重力，因此它会上升。这个过程就跟热气球的原理是一样的。

随着上升过程的开始和时间的推移，肥皂泡内、外气体发生热交换，内部气体温度下降，因热胀冷缩，肥皂泡体积逐步减小，它受到的外界空气的浮力也会逐步变小，而其受到的重力不变，这样，当重力大于浮力时，肥皂泡就会下降。

44. 让我们作一个受力分析，张飞用手向上拉自己的头发，手给头发一个向上的力，但头发同时也给手一个向下的反作用力，这两个力大小相等，方向相反，都是作用在张飞自己身上，所以不论谁都不能用这种方法把自己的身体提起来。关羽因为把绳子跨在树杈上，通过树杈使他的身体受到向上的力的作用，因此能把自己提起来。

45. 原来，刚下过的雪是新鲜蓬松的。它的表面层有许多小气孔。当外界的声波传入这些小气孔时便要发生反射。由于气孔往往是内部大而口径小。所以，仅有少部分波的能量能通过出口反射回来，而大部分的能量则被吸收掉了。从而导致自然界声音的大部分能均被这个表面层吸收，故出现了万籁俱寂的场面。而雪被人踩过后，情况就大不相同了。原本新鲜蓬松的雪就会被压实，从而减小了对声波能量的吸收。所以，自然界便又恢复了往日的喧嚣。

46. 以打气筒打气，是一个做功的过程。气体受到外界做功时，它的内能会怎样？

用打气筒打气入球中或单车轮胎中，用了一会就感到筒身发热。这是因为打气的动作既用力 F，又有位移 s 是一个手力对筒内空气做功的过程。

根据能量守恒定律，我们对空气做功，身体就会消耗一些化学能。这些化学能就转变为筒内和球内空气的内能，故空气和筒身的温度就升高了。

柴油内燃机就是利用这个原理，利用活塞把气缸内的空气压缩至高温，把喷进去的柴油燃烧。

与上述相反，如果气体急速膨胀，就等于气体对外界做功。于是，它的内能就要减少，温度就会降低。

47. 豆腐的内部有无数的小孔，这些小孔大小不一，有的互相连通，有的闭合成一个个小"容器"，这些小孔里面都充满了水分。我们知道，水有一种奇异的特性：在4℃时，它的密度最大，体积最小；到0℃时，结成了冰，它的体积不是缩小而是胀大了，比常温时水的体积要大10%左右。当豆腐的温度降到0℃以下时，里面的水分结成冰，原来的小孔便被冰撑大了，整块豆腐就被挤压成网络形状。等到冰融化成水从豆腐里跑掉以后，就留下了数不清的孔洞，使豆腐变得像泡沫塑料一样。冻豆腐经过烹调，这些孔洞里都灌进了汤汁，吃起来不但富有弹性，而且味道也格外鲜美可口。

48. 美国国家气象局的内泽特·赖德尔认为，每当暴风雨来临，雨点即能获得额外的电子。电子是带负电的，这些电子会追寻地面上的正电荷。额外的电子流出云层后，要碰撞别的电子，使别的电子也变成游离电子，因而产生了传导性轨迹。传导的轨迹会在空气中散布着的不规则形状的带电离子群中间跳跃着迂回延伸，而一般不会是直线。所以，闪电的轨迹总是蜿蜒曲折的。

第二节 身体力行感受化学奥秘

1. 牛奶富含蛋白质，在对牛奶进行加热时，呈胶体状态的蛋白质微粒就会产生巨大的变化。当牛奶的温度达到60~62℃时，就开始出现轻微脱水的现象，蛋白质微粒就会从原来的溶胶状态变为凝胶状态，并出现沉淀。

另外，牛奶中还含有不稳定的磷酸盐。在加热过程中，酸性磷酸钙变为中性磷酸钙，也会以不溶性沉淀物的形式沉淀下来。另外，当牛奶加热到100℃左右时，牛奶中的乳糖开始焦化，并慢慢分解成乳酸，同时产生少量的甲酸，使牛奶有一股酸味。所以，牛奶不宜煮太长时间。

2. 其实，消防员用的是非常常见的沙子。有经验的消防队员会用大量的黄沙去灭火，使燃烧的镁粉与空气隔绝，达到灭火的目的。为什么只能用黄沙呢？因为二氧化碳会和镁反应。镁可以在二氧化碳中燃烧生成氧化镁和单质碳。在高温下镁也可以和水反应生成氧化镁和氢气。所以，在镁着火时，是不能用二氧化碳或者水来扑灭的。

3. 好吧，让我们走进化学实验室，看看"鬼火"是什么。先在烧瓶里加入白磷与浓的氢氧化钾溶液，加热后，玻璃管口就冒出气泡，实验室里弥漫着一股臭鱼味儿。这时你迅速地把窗户用黑布遮上，就会看到一幅与田野上一样的画面；从玻璃管口冒出一个又一个浅蓝色的亮圈，在空中游荡，宛如"鬼火"。原来，这是一场化学之战：白磷与浓的氢氧化钾作用，生成了臭鱼味的气体——磷化氢。磷化氢在空气中能自燃放火，就形成了"鬼火"。实验时必须注意：磷化氢有毒，又很容易爆炸。

人类与动物身体中含有很多磷，死后腐烂了生成磷化氢，这就是旷野上出现的"鬼火"。

在田野上，不管白天还是黑夜，都有磷化氢冒出，只不过因为白天日光很强，看不见"鬼火"罢了。

磷，是德国汉堡的炼金家勃兰德在1669年发现的。按照希腊文的原意，磷就是"鬼火"的意思。

4. 原来，这个电灯泡中装有镁条和浓硫酸，它们在灯泡内发生激烈的化学反应，引起了放热发光。大家知道，浓硫酸具有强烈的氧化性，尤其是和一些金属相遇时更能显示出它的氧化本领。金属镁又是特别容易被氧化的物质，所以它俩是天生的"门当户对"了，只要一相遇，便立刻发生化学反应：

$$Mg + 2H_2SO_4（浓）=\!=\!= MgSO_4 + SO_2 + 2H_2O$$

在反应过程中放出大量的热量，使电灯泡内的温度急剧上升，很快地使镁条达到燃点，在浓硫酸充分供给氧的情况下，镁条燃烧得更旺，好像照明弹一样。

5. 由于鸡蛋外壳的主要成分是碳酸钙，遇到稀盐酸时会发生化学反应而生成氯化钙和二氧化碳气体。

$$CaCO_3 + 2HCl =\!=\!= CaCl_2 + CO_2 \uparrow + H_2O$$

二氧化碳气体所形成的气泡紧紧地附在蛋壳上，产生的浮力使鸡蛋上升，当鸡蛋升到液面时气泡所受的压力小，一部分气泡破裂，二氧化碳气体向空气中扩散，从而使浮力减小，鸡蛋又开始下沉。当沉入杯底时，稀酸继续不断地和蛋壳发生化学反应，又不断地产生二氧化碳气泡，从而再次使鸡蛋上浮。这样循环往复上下运动，最后当鸡蛋外壳被盐酸作用光了之后，反应停止，鸡蛋的上下运动也就停止了。但是此时由于杯中的液体里含有大量的氯化钙和剩余的盐酸，所以最后液体的比重大于鸡蛋的比重，因而，鸡蛋最终浮在液体上部。

6. 人体各组织均不能承受过多的氧，这是因为氧本身不靠酶催化就能与不饱和脂肪酸反应，并能破坏储存这些酸的磷脂，而磷脂又是构成细胞生物膜的主要成分，从而最终造成细胞死亡，这个过程叫做脂质过氧化。此外，氧对细胞的破坏还在于它可产生自由基，诱发癌症。实验证明，毁灭细胞培养物的办法就是将它置于过饱和氧的环境中。

从地球的历史角度看，人适应现在的大气成分是生物长期进化的结果。地球上的大气成分经历了很多变化阶段，现在是第三代，迄今已有3亿年，远久于人类史（200万年）。第一代大气为46亿年前，相当于原始大气，即地球刚形成时的还原气，氢和氦共占90%；第二代大气约在20亿年前，以火山气为主，其中水气占80%；第三代大气，叶绿素形成以后变为含氧空气，当氧达1%时，生物开始繁殖，曾经历过含氧60%的超氧阶段，由于恐龙繁殖，毁坏了大量植物，造成氧量下降变成现在的富氧阶段。其中氮作为惰性稀释剂，调节氧在血液中的溶解度，并和二氧化碳一起，控制着氧参与的全部生化反应的速率。这就是大气中各成分含量稳定的巨大意义。

7. 现在我们通过科学研究知道，制造这类"宝刀"的主要秘密就是其中含有钨、钼一类的元素。事实上，往钢里加进钨和钼，哪怕只要很少的一点点，比如百分之几甚至千分之几，就会对钢的性质产生重大的影响。这个事实直到19世纪中叶才被人们所认识，接着大大地促进了钨、钼工业的发展。有计划地往普通钢里加进一种或几种像钨、钼一类的元素——合金元素，就能制造出各种性能优异的特殊钢材——合金钢。

8. 这个问题在100多年前就提出了，一直没有得出完满的答案。有的科学家认为：胃所以不能消化自己，是因为胃黏膜或胃液内存一种特别物质，能抵抗盐酸和胃蛋白酶的作用。科学家研究认为：首先，胃壁在分泌盐酸以后，盐酸由于受到黏膜表面上皮细胞的阻挡，它不会倒流，也就不会腐蚀胃壁。万一上皮细胞遭到破坏，黏膜会分泌黏液，对盐酸有一定的缓冲作用，也能防止黏附在胃黏膜表面的盐酸进入内部。胃黏膜还有"丢卒保车"的本领，它让上皮细胞不停地进行代谢更新，阻止胃蛋白酶吸附在黏膜上，达到保护胃壁的目的。另外，黏液中的糖蛋白质，有的含糖量很多，分子量很大，它们能抑制胃蛋白酶的活性。

其次，人的胃黏膜细胞，每分钟大约要脱落 50 万个，三天之内可以全部更新，这样强的再生能力，使消化液对胃壁造成的暂时损伤得以弥补。

所以，在正常条件下，胃不能自己消化自己。如果胃内产生的胃酸过多，或者空腹吃药，损伤胃壁，胃开始消化自己，就会出现胃溃疡等疾病。

9. 原来，玻璃杯中盛的是两份酒精和一份水，酒精的燃点很低，它很快地燃烧了，而且酒精的沸点只有 78℃，水的沸点是 100℃，所以，酒精很容易从手帕中挥发出来烧掉，一部分水仍然留在手帕上，保护着手帕。另外，在酒精燃烧的过程中，有一部分水变成蒸气挥发了，这些挥发的水汽带走了手帕上的一部分热量，从而降低了手帕的温度，使其达不到燃点。以上的两个因素保护了手帕的安全。

10. 原来，铝是一种较活泼的金属，容易被空气中的氧气所氧化变成氧化铝。通常的铝制品之所以能免遭氧化，是由于铝制品表面有一层致密的氧化铝外衣保护着。在铝箔的表面涂上硝酸汞溶液以后，硝酸汞穿过保护层，与铝发生置换反应，生成了液态金属——汞。汞能与铝结合成合金，俗称"铝汞齐"在铝汞齐表面的铝没有氧化铝保护膜的保护，很快被空气中的氧气氧化变成了白色固体氧化铝。当铝汞齐表面的铝因氧化而减少时，铝箔上的铝会不断溶解进入铝汞齐，并继续在表面被氧化，生成白色的氧化铝。最后使铝箔捏成的鸭子长满白毛。

11. 小狗子的爸爸回答说：刷墙用的白灰是氢氧化钙，刷到墙上之后，又和空气中的二氧化碳发生化学反应而生成坚硬的碳酸钙和水，所以墙上所出的"汗"，就是经过化学反应生成水的结果。反应方程式请同学们写出来！

12. 道理很简单。生石灰化学名称叫氧化钙，加水后变成熟石灰，化学名称叫氢氧化钙，也就是平常所说的白灰。把生石灰变成熟石灰的过程叫做"消化"，这是一个放热反应，会放出大量的热，从而把鸡蛋煮熟了。

13. 我们直观的能看到，红薯放久了，水分减少很多，皮上起了皱纹。水分的减少对于甜度的提高有很大的影响，原因有两个：一是水分蒸发减少，相对的增加了红薯中糖的浓度。二是在放置的过程中，水参与了红薯内淀粉的水解反应，淀粉水解变成了糖，这样使红薯内糖分增多起来。因此，我们感到放置久的红薯比新挖出土的红薯要甜。

14. 炒菜时，有的人喜欢把油烧得冒烟甚至快燃烧起来才放菜，特别是在使用植物油的时候，觉得油不烧"熟"菜里就会有生油气。须知这是一种不好的做法，油在高温时，容易生成一种多环化合物，一般植物油含的不饱和脂肪酸多，更容易形成多环化合物，实验证明，多环化合物易于诱发动物得膀胱癌。一般将油烧至七八分热就行了，油的"生气"便可以除去。

15. 食盐不仅是化学工业的重要原料，而且是人类生活中的重要调味品。此外，食盐还有多种用途。

（1）清晨喝一杯盐开水，可以治大便不通。喝盐开水可以治喉咙痛、牙痛。

（2）误食有毒物，喝一些盐开水，有解毒作用。

（3）每天用淡盐开水漱口，可以预防各种口腔病。

（4）洗浴时，在水中加少量食盐，可使皮肤强健。

（5）豆腐易变质，如将食盐化在开水中，冷却后将豆腐浸入，即使在夏天，也可保存数月。

（6）花生油内含水分，久储会发臭。可将盐炒热，凉后，按 40：1

的比例，加入食盐，可以使花生油两三年仍保持色滑、味香。

（7）鲜花插入稀盐水里，可数日不谢。

（8）新买的玻璃器皿，用盐煮一煮，不易破裂。

（9）洗有颜色的衣服时，先用 5% 盐水浸泡 10 分钟，然后再洗，则不易掉色。

（10）洗有汗渍的白衣服，先在 5% 的盐水中揉一揉，再用肥皂洗净，就不会出现黄色汗斑。

（11）将胡萝卜砸碎拌上盐，可擦去衣服上的血迹。

（12）铜器生锈或出现黑点，用盐可以擦掉。

16. 绿豆在铁锅中煮了以后会变黑；苹果梨子用铁刀切了以后，表面也会变黑。这是因为绿豆、苹果、梨子与多种水果的细胞里，都含有鞣酸，鞣酸能和铁反应，生成黑色的鞣酸铁。绿豆在铁锅里煮，会生成一些黑色的鞣酸铁，所以会变黑。有时，梨子、柿子即使没有用铁刀去切，皮上也会有一些黑色的斑点，这是因为鞣酸分子中含有许多酚羟基，对光很敏感，极易被空气中的氧气氧化，变成黑色的氧化物。

17. 大蒜中含有丰富的蛋白质、脂肪、糖类及维生素 A、B、C 等，蒜苗里还含有钙、磷、铁等成分。大蒜具有极强的杀菌力，因为蒜头里含有大蒜油，大蒜油以硫化二丙烯为主要成分，还含有微量二硫化二丙烯、二硫化三丙烯。

大蒜素遇碱、受热都会分解，所以用大蒜消炎杀菌宜使用生大蒜，不能与碱性物质一起用。吃过大蒜嘴里产生蒜臭，可将少许茶叶放在嘴里细嚼，或在口中含一块糖，蒜臭就可减少。

18. 我们知道，水里含有微量的硝酸盐，当水长时间加热，由于水分不断蒸发，硝酸盐的浓度相对地增加，而且它受热分解变成了亚硝酸盐。亚硝酸盐对人们的健康是极为有害的。它能使人体血液里的血红蛋白变性，不能再与氧气结合，造成缺氧。亚硝酸盐也能使人体血压下降，严重时可引起虚脱。现代医学已证明，亚硝酸盐还是一种强烈的致癌性物质。所以，蒸锅水不能喝。

19. 人们喜欢吃鱼，是因为鱼的味道鲜美。可是，如果剖鱼时不小心弄破了鱼胆，胆汁沾在鱼肉上，就会使鱼肉带有苦味，影响人的食欲。

胆汁中产生苦味的主要成分是胆汁酸，因为它难溶于水，所以渗入鱼肉中的胆汁，用水是很难完全洗除的。而纯碱能与胆汁酸发生反应，生成物是胆汁酸钠，它可溶于水。所以弄破了鱼胆，只要在沾了胆汁的鱼肉上抹些纯碱粉，稍等片刻再用水冲洗干净，苦味便可消除。如果胆汁污染面积较大，可把鱼放到稀碱液中浸泡片刻，然后再冲洗干净，苦味可完全消除。

20. 一是忌冲鸡蛋：鸡蛋中的黏液性蛋白易和豆浆中的胰蛋白酶结合，产生一种不被人体吸收的物质，从而失去它的营养价值。

二是忌煮不透：豆浆中含有胰蛋白酶抑制物，如果煮不透，人喝了就会发生恶心、呕吐和腹泻等症状。

三是忌冲红糖：因红糖中的有机酸能和豆浆中的蛋白质结合，产生"变性沉淀粉"，故忌冲红糖饮用，而白糖却无此现象。

四是忌喝过量：豆浆一次喝的过多，容易引起"过食性蛋白质消化不良"，出现腹泻、腹胀等症状。

21. 肉骨汤所以营养丰富，味道鲜美，主要是蛋白质和脂肪溶解在汤里的结果。炖肉骨汤时，先冷水下锅，逐渐升温煮沸，然后文火煨炖，这样，可以使肉骨的骨组织疏松，骨中的蛋白质、脂肪逐渐分解而溶出。于是，肉骨汤便越煨越浓，油脂如膏，骨酥可嚼。

如果在煨炖中途加水，会使肉骨汤的温度突然变化，致使蛋白质、脂肪迅速凝固收缩成团不再解聚。肉骨表面的空隙也会因此而收缩，造成肉骨组织紧缩，不易烧酥，骨髓中的蛋白质脂肪也就不能大量溶出。这时，汤中的蛋白质脂肪也就相应减少，从而影响汤味的鲜美。

22. 菠菜营养丰富，有"蔬菜之王"之称，但是菠菜里含有很多草酸，每 100 克菠菜中约含 300 毫克草酸。豆腐里含有较多的钙质，两者若同时进入人体，可在人体内发生化学变化，生成不溶性的草酸钙。人体内的结石正是草酸钙、碳酸钙等难溶性的钙盐沉积而成的，所以最好不要把菠菜和豆腐一起煮着吃。另外，单独吃菠菜也不宜一次吃得过多，因为菠菜里的草酸能够跟人体内的钙、铁质结合，从而使人体缺乏钙、铁，影响健康。

在钙和草酸的比例为 1:2 时，最易形成结石。若通过食物搭配破坏这个比例，则结石可以防止。例如吃菠菜时搭配着吃些含钙丰富的芝麻、牛奶或鱼，就可以克服菠菜的这个缺点。

23. 葱头，原产于亚洲西部，早在三千年前就被人们发现，由于葱头对生长条件要求很低，所以，它就很快漂流过海，在许多地方安了家。今天，它已成为市场上常见的蔬菜了。

据化学分析，葱头中含有一种具有强烈刺激性的物质——正丙硫醇。当葱头被剥开或切片时，其中的正丙硫醇就挥发到空气中，如果"溜"到人的眼里，就会刺激泪分泌腺，使人流泪。

如何克服呢？正丙硫醇能溶于水，因此，每次切葱头时，可以盆内放些水，再把砧板放在水里切葱头，这样正丙硫醇部分溶于水，就能减小对人眼的刺激。

24. 饮酒过量常为醉酒，醉酒多有先兆，语言渐多，舌头不灵，面颊发热发麻，头晕站立不稳……都是醉酒的先兆，这时需要解酒。不少人知道，吃一些带酸味的水果或饮服 1~2 两干净的食醋可以解酒。什么道理呢？这是因为，水果里含有机酸，例如，苹果里含有苹果酸，柑橘里含有柠檬酸，葡萄里含有酒石酸等，而酒里的主要成分是乙醇，有机酸能与乙醇相互作用而形成酯类物质从而达到解酒的目的。同样道理，食醋也能解酒是因为食醋里含有 3% ~ 5% 的乙酸，乙酸能跟乙醇发生酯化反应生成乙酸乙酯。

尽管带酸味的水果和食醋都能使过量乙醇的麻醉作用得以缓解，但由于上述酯化反应杂体内进行时受到多种因素的干扰，效果并不十分理想。因此，防醉酒的最佳方法是不贪杯。

25. 夏季，人们总爱喝汽水，打开瓶盖便看到气泡沸腾，喝进肚中不久便有气体涌出，顿有清凉之感，这是什么气体呢？这就是二氧化碳气体。

人们在制汽水时常用小苏打（碳酸氢钠）和柠檬酸配制，当把小苏打与柠檬酸混溶于水中后它们之间发生反应，生成二氧化碳气体，而瓶子已塞紧，二氧化碳被迫待在水中，当瓶塞打开后，外面压力小了，二氧化碳气体便从水中逸出，可以见到气泡翻腾，人们喝进汽水后，胃中温度高，胃又来不及吸收二氧化碳，于是便从口中排出，这样带走热量，使人觉得清凉。

26. 黄酒是以粮食为原料，通过酒曲及酒药等共同作用而酿成的，它的主要成分是乙醇，但浓度很低。

黄酒中还含有极微量的甲醇、醛、醚类等有机化合物，对人体有一定的影响，为了尽可能减少这些物质的残留量，人们一般将黄酒隔水烫到 60 ~ 70℃再喝，因为醛、醚等有机物的沸点较低，一般在 20 ~ 35℃，即使对甲醇也不过 65℃，所以其中所含的这些极微量的有机物，在黄酒烫热的过程中，随着温度升高而挥发掉，同时，黄酒中所含的脂类芳香物随温度升高而蒸腾，从而使酒味更加甘爽醇厚，芬芳浓郁。因此，黄酒烫热喝是有利于健康的。

27. 青菜里含有淀粉，淀粉不仅不甜，而且不容易溶于水。但是到了霜降后，青菜里的淀粉在植株内淀粉酶的作用下，由水解作用变成麦芽糖酶，又经过麦芽糖的作用，变成葡萄糖。葡萄糖很容易溶解在水中，而且是甜的，所以青菜也就有了甜味。那么，为什么这种变化出现在冬季呢？那是因为由于青菜的植株内淀粉变成葡萄糖溶解于水，细胞液中增加了糖分，细胞液就不容易破坏，青菜也就不容易被霜打坏。由此可知，冬天青菜变甜，是青菜自身适应环境变化、防止冻害的现象。在霜降的季节里，其他蔬菜如菠菜、白菜、萝卜等吃起来味道甜美，也是同样道理。

28. 在新鲜的柿子里含有大量水分，还含有葡萄糖和果糖等，当它被晒成柿饼时，水分逐渐蒸发，果肉里所含的葡萄糖和果糖随着渗透到表皮上来，这两种糖的性质不一样，果糖味道很甜，容易吸收水分，在它渗透到柿饼的表面时，就抓住空气中的水分，黏附在柿饼的表皮上，类似蜜饯外面的糖浆，葡萄糖的甜味不如果糖，但却不容易抓住空气中的水分，它渗透到柿饼的表皮上时，就成为一层白色的粉末，正好把黏附的果糖包住，使得整个柿饼都是干燥的，原来这层白粉是葡萄糖粉末。

29. 烧水的壶用久了，壶的里层往往有一层白色的水碱。使用的时间越久，积存得就越多。有人叫它"水锈"，也有叫它"锅垢"的。这究竟是哪里来的呢？这是水里夹带着不容易溶解的物质，如硫酸钙等，沉淀下来的。硫酸钙在水中的溶解度很小，由于水的温度增高，会更降低它的溶解度，因此它就沉淀在壶底了。还有水里夹带着一些溶解的物质，如酸性碳酸钙酸性碳酸镁等，这些物质受热就会分解，生成碳酸钙和碳酸镁等不溶解于水的物质，就沉淀在壶底。硫酸钙、碳酸钙和碳酸镁等都是白色的沉淀物，混合在一起，就是水碱。

30. 水有软水和硬水的区别，凡是含有钙、镁等盐类的，就叫做硬水。不含钙、镁等盐类的，就叫做软水。硬水里所含的钙、镁等盐类，如果是酸性碳酸盐，如酸性碳酸钙、酸性碳酸镁等，就叫做暂时硬水，因为酸性碳酸钙和酸性碳酸镁受热后，就变成碳酸钙和碳酸镁沉淀下来，经过过滤后，就成软水了。硬水里所含的钙、镁等盐类，如果是硫酸盐，如硫酸钙、硫酸镁等，就叫做永久硬水。因为这样的水虽然经过煮沸后，也不能把他们全部去掉，因为硫酸镁是可以溶解于水的，在20℃的时候每100升的水中可以溶解72升。如果水中既含有钙、镁的硫酸盐，那就叫做两性硬水。

31. 煤气是煤在隔绝了空气的地方受到强烈而分解出来的一种混合气体，是氢（H_2）、甲烷（CH_4）、一氧化碳（CO）、乙烯（C_2H_4）、氮（N_2）以及二氧化碳（CO_2）等的混合气体。它们的成分比例大约是$H_2$46%、$CH_4$38%、CO12%、$C_2H_4$3%、N_2和$CO_2$1%。这些混合的气体里，氢、甲烷、一氧化碳和乙烯都是可以燃烧的，并且占有这种混合气体的最大比例，所以煤气可以用作燃料。

我们平常所说的煤气却是专指一氧化碳气体说的，一氧化碳是煤在空气不流动的地方燃烧生成的，我们有时看见煤炉口上有蓝绿色的火焰，那就是一氧化碳气体在燃烧着。

一氧化碳是一种很毒的气体，在空气不流通的地方烧煤，最容易产生这种气体，如果在室内生煤炉取暖而不装置烟筒，人们在室内常会中毒而死。

一氧化碳是一种无色无味无臭的气体，因此常常使人在不知不觉中中毒。防止一氧化碳的产生，就要在燃烧煤炉的时候供给足够的氧，所以在室内取暖的煤炉上，必须装置烟筒通风。

32. 茶是我国的特产，种类很多，大致分为红茶和绿茶两种。红茶是将茶叶暴晒在日光下或微温后，使茶叶萎软，再搓揉，使它发酵，至茶叶转褐色，再烘焙制成的。绿茶是将新鲜的茶叶炒熬，破坏其中酵素，再搓揉，烘焙成的。红茶和绿茶中所含化学成分相同，不过分量方面略有不同而已。

茶叶中的化学成分，主要是茶碱，其他是鞣酸及芳香油等。纯粹的茶碱是白色针状结晶体，有苦味，能够溶解于热水，不易溶于冷水中，所以开水不热，茶叶是泡不下来的。茶碱能够兴奋大脑，使思想灵敏，医药上用它作兴奋、强心、利尿的药剂。它还能够解吗啡或酒精的毒，所以酒醉的人要喝浓茶。鞣酸是制蓝黑墨水及鞣制皮革的原料，也能够溶于热水中，而难溶于冷水。绿茶所含的鞣酸量比红茶多，所以绿茶味比红茶味涩。鞣酸能够使胃液的分泌量减少，阻碍食物的吸收，使大便秘结。

茶所以有香味，就因为其中含有芳香油，芳香油受到高热就挥发变成气体，所以茶能泡不能煮沸。

33. 铝一直被人们认为是无毒元素，因而铝制饮具、含铝蓬松剂发酵粉、净水剂等被大量使用。但近几年的研究表明，铝可扰乱人体的代谢作用，长期缓慢的对人体健康造成危害，其引起的毒性缓慢且不易觉察，然而，一旦发生代谢紊乱的毒性反应则后果严重。防铝中毒，生活中应注意：减少铝的入口途径，如少吃油条，治疗胃的药物尽量避免氢氧化铝的药剂；少食铝制品包装的食品；有节制使用铝制品，避免食物或饮用水与铝制品之间的长时间接触。

34. 近年来，我国渤海湾等近海海域中，曾出现大面积的红色潮水，人们称这种现象为"赤潮"。赤潮不是潮汐现象，也不像"黑潮"

那样是海流运动，而是海洋中一种红色的浮游生物在特定条件下过度繁殖的生物现象。为什么浮游生物能过度繁殖呢？原来大量涌进海洋中的废水、废渣以及经大气交换进入海洋的物质中，有些含有氮、磷等元素，属于植物生长必需的营养素。因此浮游生物大量急剧繁殖，就使大海穿上了"红装"。为了预防海洋赤潮现象，应该控制含氮、磷等废物，例如含磷洗衣粉的废水等向海洋中排放，以保持海洋中的生态平衡。

35. 研究发现，多吃碱性食物可保持血液呈弱碱性，使得血液中乳酸、尿素等酸性物质减少，并能防止其在血管壁上沉积，因而有软化血管的作用，故有人称碱性食物为"血液和血管的清洁剂"。一般地说，大米、面粉、肉类、鱼类、蛋类等食物几乎都是酸性食物，而蔬菜、水果、牛奶、山芋、土豆、豆制品及水产品等则都是碱性食物。注意科学饮食，改进饮食结构，加强体育锻炼，并养成良好的生活习惯，血管硬化可望得到延缓和逆转。人体体液的酸碱度与智商水平有密切关系。在体液酸碱度允许的范围内，酸性偏高者智商较低，碱性偏高则智商较高。科学家测试了数十名 6~13 岁的男孩，结果表明，大脑皮层中的体液 pH 值大于 7.0 的孩子，比小于 7.0 的孩子的智商高出 1 倍之多。某些学习成绩欠佳、智力发育水平较低的孩子，往往多属酸性体质。

36. 二氧化硫是无机化学防腐剂中很重要的一位成员。二氧化硫被作为食品添加剂已有几个世纪的历史，最早的记载是在罗马时代用做酒器的消毒。后来，它被广泛地应用于食品中，如制造果干、果脯时的熏硫；制成二氧化硫缓释剂，用于葡萄等水果的保鲜储藏等。二氧化硫在食品中可显示多种技术效果，一般称它为漂白剂，因为二氧化硫可与有色物质作用对食品进行漂白。另一方面二氧化硫具有还原作用，可以抑制氧化酶的活性，从而抑制酶性褐变。总之，由于二氧化硫的应用可使果干、果脯等具有美好的外观，所以有人称它为化妆品性的添加剂。二氧化硫在发挥"化妆性"作用的同时，还具有许多非化妆作用，如防腐、抗氧化等，这对保持食品的营养价值和质量都是很必要的。长期以来，人们一直认为二氧化硫对人体是无害的，但自 Baker 等人在 1981年发现亚硫酸盐可以诱使一部分哮喘病人哮喘复发后，人们重新审视二氧化硫的安全性。经长期毒理性研究，人们认为，亚硫酸盐制剂在当前的使用剂量下对多数人是无明显危害的。还有两点应该说明的是，食物中的亚硫酸盐必须达到一定剂量，才会引起过敏，即使是很敏感的亚硫酸盐过敏者，也不是对所有用亚硫酸盐处理过的食品均过敏，从这一点讲，二氧化硫是一种较为安全的防腐剂。

37. 食盐中常含有氯化镁。氯化镁在空气中有潮解现象。为了防止食盐的潮解，一般可将食盐放在锅中干炒。由于氯化镁在高温下水解完全生成氧化镁（MgO），失去潮解性。或将食盐进行提纯，纯的氯化钠在空气中没有潮解现象。

38. 在观看足球赛时，有时会看到绿茵场上，正在拼抢中的足球运动员，由于受伤突然摔倒，有时还抱着大腿痛得翻滚。为了让他能继续拼搏，医生跑过去，拿着一个小喷壶，向受伤部位喷射一种药，再用药棉不断地揉搓、按摩，稍待片刻，受伤的运动员重新站立起来，又投入了比赛。医生用什么药使运动员很快消除疼痛呢？原来喷壶里装的是氯乙烷（C_2H_5Cl），这是一种没有颜色、极易挥发（沸点 $13.1℃$）的液体。当把它喷到受伤部位时，立即挥发。在挥发时要吸收热量，从而使皮肤表面温度骤然降低，使感觉变得迟钝，因而起到了镇痛和局部麻醉的作用。

39. 一般普通的酒，为什么埋藏了几年就变为美酒呢？白酒的主要成分是乙醇，把酒埋在地下，保存好，放置几年后，乙醇就和白酒中较少的成分乙酸发生化学反应，生成的 $CH_3COOC_2H_5$（乙酸乙酯）具有果香味。上述反应虽为可逆反应，反应速度较慢，但时间越长，也就有越多的乙酸乙酯生成，因此酒越陈越香。

40. 铅笔的笔芯是用石墨和黏土按一定比例混合制成的。"H"即英文"Hard"（硬）的词头，代表黏土，用以表示铅笔芯的硬度。"H"前面的数字越大（如6H），铅笔芯就越硬，也即笔芯中与石墨混合的黏土比例越大，写出的字越不明显，常用来复写。"B"是英文"Black"（黑）的词头，代表石墨，用以表示铅笔芯质软的情况和写字的明显程度。以"6B"为最软，字迹最黑，常用以绘画。普通铅笔标号则一般为"HB"。考试时用来涂答题卡的铅笔标号一般为"2B"。

41. 许多中药中含有某些味道很苦的有效成分，如黄连含黄连碱，麻黄含麻黄碱等，因此才有"良药苦口"的俗语。

42. 体温计里装的一般是水银，不慎打碎体温计，水银外漏，洒落的水银就会散布到地面上、空气中，引起环境污染，继而危害人体健康。因此体温计打碎后，应妥善处理洒落的水银，可先用吸管吸取颗粒较大的水银，后在剩余水银的细粒上撒些硫黄粉末，水银和硫黄反应生成不易挥发的硫化汞，减少了危害。

43. 服药通常是用温开水送服的，为何不能用茶水呢？茶水中含鞣酸，它会和药物中的多种成分发生作用，从而使药效降低以至失效，如贫血病人服用铁剂会同鞣酸反应生成难以被人体吸收的鞣酸铁。

44. "金粉"是用黄铜（铜锌合金）制成的。将黄铜片和少量润滑剂经过碾碎和抛光就制成"金粉"，"金粉"广泛用于油漆和油墨中。"银粉"是用价格便宜且和银一样有银白色光泽的铝制成的，铝粉质量轻，在空气中很稳定，反射光能力强。制铝粉有两种方法：一种将纯铝薄片同少量润滑剂混合后用机械碾碎；另一种是将纯铝加热熔融成液体，后喷雾成微细的铝粉。

45. 因为钨丝发热蒸发遇冷灯泡壁；铝锅用久变黑，是因为水里的铁盐置换了铝；没擦干的小刀在火上烘表面变蓝，因为铁和水化合生成四氧化三铁。

46. 原来，黄豆最主要的化学成分是蛋白质。蛋白质是由氨基酸所组成的高分子化合物，在蛋白质的表面上带有自由的羧基和氨基。由于这些基对水的作用，使蛋白质颗粒表面形成一层带有相同电荷的水膜的胶体物质，使颗粒相互隔离，不会因碰撞而黏结下沉。

点卤时，由于盐卤是电解质，它们在水里会分成许多带电的小颗粒——正离子与负离子，由于这些离子的水化作用而夺取了蛋白质的水膜，以致没有足够的水来溶解蛋白质。另外，盐的正负离子抑制了由于蛋白质表面所带电荷而引起的斥力，这样使蛋白质的溶解度降低，而颗粒相互凝聚成沉淀。这时，豆浆里就出现了许多白花花的东西了。

盐卤里有许多电解质，主要是钙、镁等金属离子，它们会使人体内的蛋白质凝固，所以人如果多喝了盐卤，就会有生命危险。

豆腐作坊里有时不用盐卤点卤，而是用石膏点卤，道理也一样。

47. 一般人都以为，银是不会溶解于水的。其实，世界上绝对不溶于水的东西几乎是没有的。银和水会面以后，总会有微量的银进入水中，成为银离子。银离子是各种细菌的死对头，一升水中只要有五百亿分之一克的银离子，就足以叫细菌一命呜呼了。没有细菌的兴风作浪，食物自然就不容易腐败了。当你游泳时，给眼睛滴入一滴棕色的蛋白银溶液，可以使你免除因游泳而害眼病。

现代医学也看中了银离子的杀菌本领，比如磺胺药中的磺胺嘧啶银，由于分子中有了银，使它的抗菌本领大大增强，当烧伤、烫伤病人的创面发生感染，使用磺胺嘧啶银能很好地控制感染，使人类在对付创面感染的"战斗"中，增添了一种有效的"武器"。

48. 俗话说："快刀不用黄锈生"。

铁，的确容易生锈。每年，世界上有几千万吨的钢铁，变成了铁锈。

铁容易生锈，除了由于它的化学性质活泼以外，同时与外界条件也极有关系。水分是使铁容易生锈的条件之一。化学家们证明：在绝对无水的空气中，铁放了几年也不生锈。

然而，光有水也不会使铁生锈。人们曾经试验过，把一块铁放在煮沸过的、密闭的蒸馏水瓶里，铁并不生锈。

你注意到河边的那些自来水管吗？它们常常是上边不锈，下边不锈，只是靠近水面的那一段才生锈。

原来，只有当空气中的氧气一旦溶解在水里，才会使铁生锈。在靠近水面的部分，与空气距离最近，水中所溶解的氧气也最多，所以容易生锈。空气中的二氧化碳溶在水里，也能使铁生锈。铁锈的成分很复杂，主要是氧化铁、氢氧化铁与碱式碳酸铁等。

49. 也许妈妈曾经对你说过，煮豆时，盐别放得太早，要不豆就会煮不烂。这句话很有化学道理。

黄豆浸在清水中，黄豆不是慢慢地变"胖"了吗？这实际上也是一种渗透现象。

因为干黄豆中，水分是很少的，我们可以把它看做是浓溶液，而黄豆外面的那层皮，相当于一个半透膜，当黄豆浸到清水中去煮的时候，就会发生渗透现象，结果是清水中的水分子，穿过黄豆皮进到了黄豆里面，使黄豆变胖了。黄豆只有充分浸胖以后，再经过一段时间煮，黄豆的细胞才会被胀破，使豆子煮烂。

如果煮豆时，盐加得太早，黄豆浸在盐水中，由于盐水的浓度比起清水来说，是浓了很多，这样水就很不容易再往黄豆中渗透了。如果加的盐较多，盐水的浓度甚至也可能超过黄豆中的浓度，这样，水不但进不去，甚至还可能从稍稍变胖的黄豆中"钻"出来，黄豆中没有了足够的水分，难怪黄豆煮来煮去就煮不烂了。

同样的道理，煮绿豆汤、赤豆汤时，糖也不要早早的放；煮猪肉、牛肉时，也不要过早加盐，以免不容易煮烂。

50. 蚊虫叮咬时，在蚊子的口器中分泌出一种有机酸——蚁酸，它的化学成分是 HCOOH。这种物质可引起肌肉酸，在家庭中可用浓肥皂涂抹可迅速止痒。原因是肥皂高级脂肪酸的钠盐。如：$C_{17}H_{35}COONa$。这种脂肪酸的钠盐水解后显碱性，含 OH^-：

$C_{17}H_{35}COO^- + H_2O \rightleftharpoons C_{17}H_{35}COOH + OH^-$

蚁酸水溶液中含 H^+：$HCOOH \rightleftharpoons COO^- + H^+$

因为肥皂水中的 OH^- 与蚁酸的 H^+ 中和成 H_2O 因此可迅速消除痛痒。

第三章　越玩越灵巧——考前脑力减压

第一节　考前推理缓解大脑压力

1. 很奇怪吧。值得仔细推敲。匪徒不可能串通银行经理、职员。这一连串问题只有一个答案，张先生根本没有被绑架！张先生是为避债而来到小镇的，如果张太太有 100 万美元现金，为什么不替张先生还债呢。这点张先生早有怀疑，他知道太太有私房巨款，不理他的债务，于是他自导自演了这起绑架案，终于弄清了太太的财政状况。

2. 清泉县以前一直属于衡阳，到了乾隆二年才分衡阳的一半为清泉，卖身契是雍正年间签约的，就应该称是衡阳县人，怎么能说是清泉县人呢。

3. 其实把死者肢解的就是死者的母亲，她在两天前来到女儿的家，但是看到的却是被害的女儿的尸体。她本来打算马上报警，但是在这样一个大都市里每天都有人被杀，其中大多数的案子都无法侦破以至于最后不了了之，她害怕女儿的案件也会落得如此下场，在悲愤之余，她终于想出了一个苦肉计，那就是把女儿的尸体分尸，如果是分尸杀人案，那么势必会给社会舆论造成影响，警方调查的力度就会增大，从而加速破案。于是在这之后的一天一夜里，这个坚强又悲愤的母亲就一下一下吃力地亲手把自己的女儿肢解了。

4. 医生以自己生日开酒会为名将台商卓先生骗来，使其过量饮酒，再加上其睡前服用安眠药，酒精与药物的作用造成其心力衰竭而亡。警察前来询问，医生不承认那天是为自己生日而开酒会，因为警方一查其出生日期便可知其在说谎。医生肯定知道过量酒精与安眠药作用会造成死亡，故其所谓"生日"酒会纯粹是为自己杀人提供一个机会。

5. 这个世界当然是没有鬼的。鬼楼事件其实就是人为策划的。策划者先买下鬼楼顶层闹鬼的那间房子，然后在房间角落的纸盒堆里放了一个待机时间长、电池耐用的手机。手机的铃声就是他事先录下的鬼哭的声音。然后每天晚上，他都拨打这个手机，铃声响起，鬼哭声也就从房间里传来了。当初闯入房间的几个人只注意到房间里没有可以藏人的地方，因此忽略了检查纸盒堆，就被吓跑了。就这样，策划者每天都拨打这个电话装神弄鬼，最后逼得整栋楼所有的住户都搬走了。至于他这么做的动机，很简单，就是为了压低房价，大举收购该楼的房产。然后在适当的时候再假装不经意发现闹鬼的秘密，公之于众，鬼楼传说解除了，房价一回升，他就会大赚一笔了。

6. 其实答案很简单，小明的生日是 2 月 29 日，是每隔四年才会出现一次的日子。在他四岁父母离婚后，他一共过了六次生日，就说明已经过去了 $4 \times 6 = 24$ 年，那么他的实际年龄就是 $24 + 4 = 28$ 岁。所以一个 28 岁的青年杀死一个成年卡车司机也就没什么奇怪的了。这就是推理小说里最常用到的叙述性诡计，各位聪明的读者，你们猜到了吗？

7. 死者的丈夫事先在妻子的晚饭里下了安眠药。吃完饭，妻子在安眠药的作用下很快就去卧室床上躺下睡着了，然后丈夫就开始设置自己的杀人装置。他先拿来妻子的手机，然后在手机下部绑上一个"L"型的铁丝，铁丝的外露的那一端被磨成了尖状，并且涂上了氰化物。因为丈夫是电脑配件公司的技术人员，电脑很多配件在电镀时都需要用到氰化物，所以他很容易就搞到了这种毒药。他把设置好杀人装置的手机放在卧室的床头柜上，然后就离开了现场来到朋友家。之后他就和没事一样和朋友打牌，到了凌晨 2 点左右，他假装上厕所，然后在厕所用手机偷偷拨打了妻子的手机。在别墅里昏睡的妻子听到手机响，习惯性地闭着眼睛拿起电话到耳边接电话，结果被绑在手机下部的"L"状铁丝划破了颈动脉，从而中毒身亡。这就是凶手远在几十公里之外的远程杀人的手法。

8. 无论哪个，打开一个就行。比如，打开贴着钻石标签的箱子，如果里面放的是蛋白石，那么钻石就一定装在贴着红宝石签的箱子里。因为如果钻石装在蛋白石签的箱子里，那么剩下的红宝石就只能装在红宝石签的箱子里了，这是有悖于试题题目的。这样，如果知道了，蛋白石签的箱子里装的是红宝石，那么就可以把3个标签换到与各自箱内东西相符的箱子上。你明白了吗。

9. 约克是无辜的，不然他的四句话中就会有三句是谎言。所以他说5月12日和瑞利一起在P市度过的是谎言。瑞利说与约克在P市是谎言（因与约克的谎言一样）。所以其余三句是真的，他是无罪的。哈桑说约克帮助凯曼盗窃是谎言，因为约克自己说过对犯罪过程一无所知。所以他说凯曼是罪犯，自己是无罪都是真的。而凯曼则只有说自己是清白无辜的这一句是谎言，其余都是真的。因此，他就是盗窃犯。

10. 山口申子在医生查房时吃了安眠药，睡着了。睡着的病人是不可能自己去跳窗自杀的。

11. 谁也未料到，纵火者竟是一种名叫"看林人"的散发香气的鲜花。"看林人"属杜鹃科，金黄色，枝杆挺直。它的花朵和茎叶内，饱含着一种挥发性强、极易起火的芳香油脂。当森林中空气干燥灼热时，这种芳香油脂就会自燃，酿成森林火灾。所以，当有位化学家将"看林人"押到法庭上时，四座无不感到惊奇。

12. 杰姆在小型手枪上连接了一条长纸条。纸条的另一端喂给羊吃，然后自杀身亡。羊喜欢吃纸，纸条被一点点吃掉，手枪也随之拉进羊圈（为了让羊把纸条吃光，杰姆一天没喂羊）。

13. 炉子上的开水不可能从昨晚 10 点到今天中午仍在沸腾，否则水壶早就烧干了。

14. 芝加哥与纽约时差是一个小时东西海岸相去甚远的美国，虽是同一国家但却有 4 个标准时间，即东部、中部、山岳地带及西部标准时间。芝加哥与纽约有一个小时的时差。

团侦探看了梅姑的手表，发现比纽约时间（东部标准时间）刚慢一个小时，便知道了她去过芝加哥（中部标准时间）。梅姑从芝加哥驱车，进入东部标准时间带后，忽略了手表慢了一个小时。

15. 杜菲右手臂一个月来都打了石膏，他的常用物品不应该放在右裤袋里。

16. 人体血液中盐的含量远远超过动物血液中盐的含量，西科尔已经以他敏感的舌尖品味一下两行血迹即鉴别出来。

17. 罪犯是在上午把牧马人绑在枯树上的。那时，被害者还没完全窒息，罪犯是用湿的生牛皮捆住被害者的脖子后扬长而去的。湿牛皮在夏天太阳的照射下，逐渐干缩，直到勒紧牧马人的脖子，使其窒息而死。

18. 铁路线也是一条路。因所有道路都被封锁，梅姑在单行铁路支线的无人道口，将赛车开上铁路线沿铁路逃跑了。

虽然赛车骑着两条铁轨，底盘车轮跨度不够，但可让一侧车轮压着铁轨走，另一侧车轮在枕木上走。虽然跑起来上下颠簸，但却没有任何障碍。因为是跟在末班车之后，所以即便是单行线也不必担心会与列车相撞。

警察只封锁了公路各路口，梅姑恰恰就钻了警察的空子逃掉了。

19. 如果 b 是清白的，则根据事实一，a 和 c 是有罪的；

如果 b 是有罪的，则他必须有个帮凶，因为他不会驾车；再次证实

a 和 c 有罪；

因而，第一种可能是 a 和 c 有罪；第二种可能是 c 清白，a 有罪；第三种可能是 c 有罪，则根据事实二，a 同样有罪。结论 a 犯了盗窃罪。

20. 既然是停电，报案人又说发案后就报案，怎知失窃的东西和具体钱数呢？手电射进门缝时他往外看，电光刺在眼上，是根本看不见什么的，所谓蓝眼睛和伤痕，纯属瞎编。由此可知罪犯必定是报案人。

21. 拇指应该是晒黑了的。写生油画时，因一只手端着颜料板，被板遮住晒不着。但是，只有拇指露在颜料板的窟窿外面，照理是挨晒的。而北原美保子的左手，五个指头都像白鱼一样白，所以才引起团侦探的疑心。

22. 梅姑事先准备好了潜水衣，而且将金砖也捆在救生圈上。在被黑帮追赶时，她已穿好了潜水衣，故意连车翻进大海。

在海里她迅速从车里爬出来，带上金砖，潜水逃向远处。因夜里很黑，黑帮们是无法发现梅姑潜入海底逃跑的。

23. 用脚趾夹住信件，帮手也用脚趾接过去。

24. 从右侧上马是不对的。西方的骑术，哪怕是左撇子也必须从马的左侧上马。梅姑的照片，为了把上午 10 点钟弄成下午 2 点骗人，有意将底片翻过来洗，却忽略了上马的位置。（不过，据说日本很久以前是在右边上马的。）

25. 如果嫌疑犯比希案发时在家看电视，一定会留意到荧屏发生变化——因为当客机飞过上空时，会使电波受到干扰，导致电视出现波浪形的画面。

26. 小偷是利用邮筒作案。他先准备好写有自己的姓名和地址的信封，把偷到的钱装在信封里，一出冷饮店便把那信封投到冷饮店门前的邮筒里。

27. 帕森尼小姐在门窗紧闭的浴室里淋热水浴，镜子被蒸气熏得一片模糊，根本不可能看清盗贼在镜子里的面容。

28. 锅炉中。山田司机在驾驶时为副驾驶所杀，并被投入蒸汽机车的锅炉中焚尸。蒸汽机车的锅炉火力很猛，所以焚烧尸体是不成问题的。烧剩下的骨灰与炉灰浸在一起也是分辨不出来的。至于焚烧尸体时的臭味儿，如果是行进中的火车，也会被风吹得一干二净。这简直是移动火葬场。

29. 车体本身就是用黄金制作的，因涂上了涂料，所以刑警们全然没有注意到车身会是用黄金制成的。

由于纯黄金很软，又具有黏性，所以能随意加工成各种形状。加工薄片可以加工出 0.0001 毫米薄的金箔。一克黄金就可以拉出 3000 米长的细丝线。

利用这种特性，还可将金块加工成壁纸一样厚度，装饰到墙壁上，以便隐藏。

30. 因为所有的狗都是色盲，所以，牧羊犬麦克不可能知道信号旗或秋衣是红色的。

31. 诈骗犯苏珊的手指，指纹部分也涂上了指甲油，所以，没有留下指纹。

32. 亚洲只有双峰骆驼，而照片中的是一个驼峰的骆驼。所以肯定并非在亚洲拍摄而是在非洲拍摄的。

33. 从东南亚回来的洋一，是霍乱的带菌者，其尸体解剖结果，发现了霍乱菌。正在这时，接到医院报告发现有霍乱患者，刑警马上赶到医院，逮捕久美子。久美子是吃了盗窃洋一带有钻石的奶糖而染上的霍乱。

34. 大楼正门在 1 层，梅姑上 3 楼，只要再爬 2 层就行了。而团侦探的地下 3 层是要上下 3 层楼。也就是说，团侦探上下要比梅姑多爬一层楼，当然要输掉喽。

35. 因为月、半，也就是十五日；"子"是子时，即午夜时分；"逃树中"剩下一个"村"字；"不训话了"是一个"川"字（河）。全文是："在十五日午夜（十一时至一时）在村子的河边碰头。"

36. 罪犯声称自己从未听说过威廉斯，却又知道他是 15 楼牙科诊所的男性医师，还知道是个老头。哈利黛安由此断定电梯工说的那人就是曾受雇杀人的伯顿又在重操旧业。

37. 从车厢的连接处丢下的列车的车厢连接处有块铁制的踏板。掀去铁板，里面是合成革制成的软罩；这是为防止旅客出危险而设置的。

梅姑从 3 号车箱偷出金条后，在返回 4 号车厢时，将连接车厢的合成革罩用刀子割开一个口子，再从那儿把装着金条的皮箱丢下去。

这样，皮箱便落到了铁道线上。在铁路沿线等候的部下，在列车过后把东西拾起来。

这个手段出自西村京太郎的《列车的神秘消失》和《特快停车 8 分钟》。

第二节　考前侦探游戏增强大脑动力

1. 生日蜡烛不可能烧 3 个小时。

2. 借据的数字一般都是大写的。

3. 简易日光灯来电后不会自动开。

4. A 先把 C 约到天津，然后在 13：00 至 13：30 把他打死，再开车去车站买票并打电话，之后载着 C 的尸体开车去北京 C 的家，用 C 身上的钥匙开门以后把其尸体放到其家中，再去与 B 见面。这样便有了完美的不在场证明。

5. 罪犯作案的时候都想要加快速度，缩短时间。在这起案件中，作案者完全可以打碎玻璃柜，拿到邮票。而现在作案者却费心地撬开柜子，唯一的解释就是他怕损坏矮柜中的其他邮票，而有这种想法的，只能是邮票的主人。

6. 有台风的话烟灰缸里面是不可能留有那么多烟头和烟灰的。

7. 裤子没破。

8. 是猫。是那个画家外出时没有给猫准备吃的。所以猫饿极了就打算吃鱼缸里的鱼。然后不小心撞倒熟石灰，所以才起火了。

9. 就援助贵处

球队外出拉

练一事明天

六时请携定

款到我宅谈

每行的第二个字

10. 肯定是看到脚下 40 米，由于恐高症心脏停搏就掉下去了。

11. 铅属重金属，有毒，对人体有害。由于是重金属无法正常代谢，就沉积在人体内或被骨骼吸收，骨骼变黑，所以死者很可能生前常在铅多的环境中生活导致铅中毒（铅在体内超出一定安全范围）。

12. 小孩说："我租房子，带上爸爸妈妈。"

13. 照片中警察是用右手拿枪的，可以看出他习惯于用右手。因此，从后面看就可以知道左边的人是嫌疑犯。警察将手铐铐住嫌疑犯的右手，另一端则铐住自己的左手。当嫌疑犯有任何不轨行为时，警察能马上拿出手枪，将对方制服，所以要让自己的右手自由。

14. 凶手是遗产继承人崔促达。他为了早点把遗产弄到手，没有将尸体丢入大海，而是刻意留下。因为法律规定，在失踪期间，失踪人的财产是不能被继承的。

15. 福尔摩伍看到，五个手指的指纹全部正面紧贴墙壁印上去的，手掌的纹路也很清晰，这才产生了怀疑。因为当手掌贴在墙上时，拇指和其他四个手指不同，是侧面贴着墙的，所以正常情况下，拇指的指纹不会全在墙上印出来的。

16. 有经验的野营者搭帐篷不会在大树底下，若遇下雨的天气易遭电击。所以帐篷不是"经常在野外进行地质考察的学者"搭的。

17. 一是劫匪戴着只露眼睛的头套，怎么可能吸烟呢？二是火车声音很响，连说话都听不清，皮特怎么还能听到那两声轻轻的敲门声呢？

18. 其他人进来的雨伞是湿的，而小偷的雨伞是干的，证明他待在这里一夜没出去。

19. 北极狐夏季的皮毛为灰黑色，尾端为白色，而只有在冬季全身皮毛的颜色才是雪白色的。

20. 是雷达。因为箱子是铝合金做的，所以雷达基地发射的超短波碰到箱子后，会反射回来，并显示在雷达的屏幕上。

21. 自行车是靠后轮推动的，孩子在自行车前轮下面绑上旱冰鞋，就能把车子骑走了。不过这种方法很危险，不要轻易尝试。

22. 因为这个楼层所有的房间都是单人间，所以住客回房间一般是不会敲门的，只有小偷才会敲门试探。

23. 外面有大风，而落地窗一直打开，所以，燃烧着的蜡烛应该很快就被熄灭，可是桌上却有一大堆烛液，显然有问题。

24. 凶手趁音乐家出门时。偷偷潜入他家中，在火药中掺入了氨溶液和碘的混合物。氨溶液和碘混合放在火药里，在湿的状态下是安全无害的，但干燥后就很敏感，即使是高音量的震动也会引发爆炸，凶手是希望音乐家吹奏高音曲调时引发爆炸。

25. 因为杰克知道丽莎死在旅馆里，所以才到旅馆取回金笔。如果他是无辜的，他应该直接去丽莎所住的公寓。

26. 西格马尔交罚款的那张 1 欧元的钞票号码，是被抢劫的 7.5 万欧元中的一张。

27. 福尔摩伍想到被害人一定是在仰面朝天时才看到轿车后部车牌号的。人在这种时刻容易忘记自己的视角已经颠倒，把本是 8619 的牌号误认为是 6198 了。所以福尔摩伍想到，这个车牌号一定是 8619。

第四章　越玩越聪明——考前思维减压

第一节　发散思维缓解考前思维瓶颈

1. 水面上不会有身影。

私人侦探说："刺客从背后过来时，他从水面上看到了刺客的身影。"这是在撒谎。池塘的水面是水平的，在垂钓者的下面。池畔边的人能看到映在水面上的只能是自己前方的人。只要不是用倾斜的镜子，是映不出身后的人影的。

2. 沙漏放到了煤气炉旁。为此，煤气炉发热使得沙漏的玻璃膨胀，漏沙子的窟窿也随之变大，沙子很快落下，所以，即便上部玻璃瓶的沙子全部落到下面，其实也没到 10 分钟。

3. 冈本待被害者睡熟后，先在门的四边把封条贴上一半，然后打开煤气开关。他走出房间关严门，然后就用吸尘器的吸口对准门缝，这样剩下的一半封条被吸尘器一吸，就紧紧地贴在门和门框上，造成了被害者自杀的假象。

4. 遗言是用没有墨水的钢笔写的，但却在纸上留下了凸凹的痕迹，被马克斯敏感的指尖摸了出来。

5. 是利用了过敏性现象。人体内有一种过敏的奇特现象，如果将某种特定的动物分泌液注射给人，过后再有与此相同成分的物质进入体内，人就会出现强烈的过敏反应而死。

罪犯就是应用了这种过敏现象。该罪犯是个医生，他谎称和蜜蜂的毒素相同成分的毒是什么预防药而给被害人注射了。数日后，再将一只毒蜂偷偷放入车中，被害人在被蜇后出现过敏现象致死。

6. 第一个男子，他一人扮演了两个角色。为了要使他不在现场的证明成立，才特意将伞架到别人附近。在打开录音机之前，他勒死了那个女人，然后利用录音，放出女子打招呼的声音，好像他去游泳时那女人还活着。他在出海后绕到海岬，把事先准备好的衣服、帽子、眼镜穿戴上，再粘上胡子，化装成女人情夫的样子跑到海滩伞下，故意发出叫声，好让人以为是那人在那时候把女子勒死的。然后他再经由道路走回海岬，换下衣服，跳入海中游回来，假装发现了尸首而惊叫。

7. "朝"拆开为"10月10日"，又有早晨之意，所以老王判断，接货时间为"10月10日早晨。"

8. 是偶然被陨石击中的。这个越冬队员是被偶然从宇宙飞来的陨石击中头部致死的。地球上每天有无数陨石从其他天体坠落，它们以惊人的速度进入大气层，直到落下地表前几乎是燃烧着的。但也有不燃烧就落到地面的。仅日本就发现有一百多颗陨石落地。明治十八年，在滋贺县田上山发现的陨石重量达170千克。因此，陨石偶然击中人也是有可能的。

9. 罪犯是金发女郎。她自称血迹是"刚才在他身上蹭到的"，实际上那时彼特已死了8个小时。他的血已结成冰，不可能会蹭到她袖子上去。

10. 被绑架的是一个即将临产的女董事长，就在当天夜里她生下了一个男孩。

11. 杜医生的回答破绽百出。他先说病人是心脏病发唤他来急救的。但后来又改口说病人突然中风，破绽露出。不过这还不令探员肯定他行凶的想法。最重要的是浴室连天花板都湿透，因为，杜医生趁死者心脏病发晕倒在地时，他刻意开着热水炉让室内变成高温，然后关起门来。浴室内就变成蒸气浴室般高温，由于温度是超常的，甚至连温度计都受不了而爆裂。莫说是心脏病人，这连普通人都要送命，杜医生的心底险恶得很。

12. 该被害人的血型为 O 型和 A 型，这是极特殊的事例，就是说被害人一个人拥有两种血型，称为血型嵌合。另外，双胞胎的一方也常有两种血型，将此称为血型嵌合体。

13. 大厦管理员剪断了大的电箱保险丝，却保留了电梯的保险丝，所以匪徒能乘电梯逃走。

14. 内森·柯恩因涉嫌而被拘捕，因为在狂风巨浪中，要写出清晰的蝇头小字是不可能办到的。

15. 鱼缸里养的是锯脂鲤鱼，咬住了他的手指。

江户警官左手刚一伸进鱼缸，数尾凶猛的锯脂鲤鱼便咬住了警官的手指，疼得警官叫着，竟连右手的手枪也丢掉了。趁此机会，梅姑迅速地逃掉了。

锯脂鲤鱼是野生在南美洲亚马孙河流域的食肉型的凶猛鱼种。专门袭击渡河的大群牛羊，转眼间就会将牛羊吃得只剩下骨头和皮。

16. 附近有直升机干扰，电视定会出现"雪花"。寺内既说自己在房间看电视时有直升机在公寓上空盘旋，又说电视机的图像从没有过闪动的情况。这是不可能的。即使是新电视，由于电波干扰，图像照样会紊乱的。

17. 假如佩奇是无辜的，他就不可能知道他妻子是被敲死的。他看到了凶器——手枪，本应认为其妻是被枪杀。

18. 巴特声称他除了电话什么也没碰过，并且说斯塔霍冲动地拉开抽屉，拿出手枪抢先向他射击。但是，即使是一个最稳重细致的人在这种情形之下也不会先关上抽屉再开枪，检察官不是发现抽屉是关着的吗？

19. 亨利说，这个案件可以从分析 A、B、C 三者的口供入手。而从 A 的口供入手更好一些。

A 说："我既然被捕了，我当然要编造口供，所以我并不是一个十分老实的人。"分析这句话，就可以推定 A 的口供有真有假。因为，如果 A 的口供全是真的，不会说自己编造口供；如果 A 的口供全是假的，那么他就不会说自己不十分老实。

既然 A 的口供有真有假，那么 B 的口供或者是全真的，或者是全假的。

而 B 说："A 从来不说真话。"由此可见，B 的这句话是假的，这就可判定 B 的话不可能是全真的，而是全假的。既然 B 的话全假，那么 C 的话是全真的。

而 C 说 A 是杀掉下院议员的罪犯，B 不是盗窃作案者，所以 B 是强奸犯芭蕾舞演员的罪犯，而盗窃油画的罪犯只能是 C 本人了。

20. 冰块应浮在水面。

矶川侦探看到梅姑杯子里的冰块有两块沉到杯底，推测一定是藏有钻石。普通冰块一般是浮在水面，而冰块里藏有钻石肯定要沉入杯底，因其比重大于冰块。

21. 已知作案时间下着暴雨或雨停不久，如果鞋印是凶手留下的，当时的地面一定是湿的。由于鞋印是在地面晒干后才提取的，而土壤在干燥过程中会收缩，一个鞋印大约缩 1 厘米，所以这个提取的石膏鞋印如果与涉嫌者的鞋子恰好相吻合，就只能证明那鞋印不是他留下的。

22. 犯罪团伙利用鸵鸟的胃走私钻石。因为鸵鸟有个与众不同的特殊的胃——能吞小圆砾石或小石子（杂食性的鸟因没有牙齿，所以用沙囊来弄碎食物帮助消化）。这种小石子不排泄，永远留在胃中。因此，罪犯在从非洲出口鸵鸟时，让其吞了大量的昂贵钻石。这样一来，便可躲过海关的耳目，走私钻石了；而且在入境成功后，再杀掉鸵鸟，从胃中取出钻石。

23. 钻石怕热、怕碰撞，铁虽然要比钻石软，但铁锤的冲击力足以把钻石砸碎。正像皮球一样，用力投出可以打碎坚硬的窗玻璃。不过，用铁制的刃物是无法切、削钻石的。只有用钻石的粉末制成的锉刀才能削动它，因为地球上没有比钻石更硬的物质。

24. 松吉的头发没有湿，这就证明他无罪。因为凶手是跳河逃走的，从头到脚都应该是湿的。衣服可以换，头发却一时干不了。而松助是和尚头，用布一擦就干了，所以他才是凶手。

25. "1、2、6、3"即可唱成"都来拉米"。

26. 伊凡诺维奇用闪光灯向 A 国中年特工的眼睛闪了一下，使对方暂时失明，趁此瞬间迅速逃离。

27. 那条小道是在悬崖下面的山谷里。道两侧是令人眼晕的悬崖峭壁，这一点儿不错，但峭壁却是向上耸立着的。因此，即使撞到两侧的峭壁也不必担心会从悬崖上跌落下去。

28. 凶手是麦根，只有他带有可致人死命的凶器，只要把狗链绕在手上，就是一击可致人死命的硬物。

29. 判词是："鉴于父母离婚的最大受害者是孩子，为了保护儿童的合法权益，本庭判决如下：父母归两个孩子所有；原有住宅的居住权也归孩子所有，而不判给离婚的母亲或父亲。离异的父母定期轮流返回孩子身边居住，履行天职，直到孩子长大成人。"

30. 因为被害人吞了保险柜的钥匙。吝啬的被害人唯恐钱被抢走，一口将钥匙吞到肚里，所以凶手为取出钥匙，不得已才切开他的胃。被害人死到临头还要护钱，真是十足的守财奴。

31. 在道路前方立了一面与道路同样宽的大镜子，这样就使斯班产生了错觉，将镜子里反射出的自己的车当做对面开来的车了。于是慌忙打轮掉进了大海。

32. 如果凶手是女主人的情夫，他是不会把刚吸几口的香烟丢在门口的，因为他经常来被害人的家，嘴上叼着香烟进进出出，是很平常的，推销员就不同了。推销员有个习惯，每当走进一户人家时，他出于礼貌，便在门口灭掉香烟，所以，这烟头一定是推销员的！

33. 那位律师是女性，也就是"妻子"。

34. 让表停下就行了。006 号用打火机将闹表字盘的外壳烧化。因外壳是塑料的不耐热，很快就像糖一样熔化出一个洞，再用速干胶从洞伸进去将表针固定住，这样表就停了。只要表针不动，无论什么时候也到不了四点半，炸弹就不会引爆。

35. 死者未穿上衣就去开门，所以凶手与他一定十分熟悉，因此，凶手是他弟弟。

36. 乘警赶到海顿先生的包厢，发现海顿先生正在悠闲自得地抽着雪茄，雪茄上留着一段长长的烟灰。乘警据此断定：在三四分钟前，海顿先生是在抽雪茄，而并不是像那女人说的那样，把她强行拉进包厢，企图强奸她。

37. 汲潮事先提审了那些在押的台湾特务，从他们那里得知：台北没有有轨的电车；台湾"国防部"在台北重庆路；台湾只有一个京剧团，李砚秀根本不在台湾；蒋介石满口假牙，绝非"牙齿挺好的"。

38. 安娜是先穿了芭蕾舞鞋来到网球场的，随身又带着高跟鞋。到晚上 8 时夫人来了，安娜就掏出手枪杀了夫人，并在尸体旁边弯下腰把芭蕾舞鞋脱去，换上高跟鞋。她再一边用手电筒照着芭蕾舞鞋的脚印，一边踏着这脚印逃走了。芭蕾舞鞋脚尖的脚印小，高跟鞋的脚印大，穿着高跟鞋踏在芭蕾舞鞋的脚印上，就可以把芭蕾舞鞋的脚印完全抹去。这样，现场的脚印就表明只有一个人了。

第二节　多向思维缓解考前思维压力

1.（1）A

这个答案最好能一眼看穿，剩下的 4 男 2 女，许三和李四必须在两条独木舟上，许三的一个儿子必须跟着李四，李四必须有一个女儿跟着许三才能满足要求。所以 A 能满足要求。

（2）B

选 A 剩下的许三、许三妻、许明和许亮有三个人在同一舟上，不符合条件三；选 C，C 项违反已知条件二；选 D，剩下的许三、许涛、许明和许亮有三个人在同一舟上，不符合条件三；选 E，不符合条件三。只有 B 项剩下的许三、许三妻、许明和李娜可以符合三个条件。

（3）B

根据三个条件，许三和李四妻必须分坐在两个独木舟上，不能在同一个独木舟上，否则就违反了条件二，B 项显然错误。

（4）D

要满足已知条件二和三，李四家的两个孩子不能坐在同一条独木舟上，许三和许三妻也不能坐在同一条独木舟上，否则就有一个舟上是一家人，断定 P 和张的断定肯定是对的。"李四和李四妻夫妻俩不在同一条独木舟上"可能对，也可能错，只是有这种组合的可能。

（5）A

许三家的两个男孩已经跟着李四去徒步旅行，孩子中只能剩下一个男孩和李四家的两个女儿，只有 A 和这个结果相符。

2. 根据二、三两个条件，反复试验，可以发现，只有四对硬币组能满足要求，各对中每组硬币的总价值分别为：40 美分、80 美分、125 美分和 130 美分。具体情况如下：

当总价值为 40 美分时，只能有这样的组合：

25、5、5、5；

10、10、10、10。

当总价值为 80 美分时，只能有这样的组合：

50、10、10、10；

25、25、25、5。

当总价值为 125 美分时，只能有这样的组合：

50、25、25、25；

100、10、10、5。

当总价值为 130 美分时，只能有这样的组合：

100、10、10、10；

50、50、25、5。

根据一、四两个条件，只有 30 美分和 100 美分能够分别从两对硬币组中付出而不用找零。但是在标价单中没有 100。因此，圈出的款额必定是 30。

3. 郭

由条件三、四可得，张、杨一定小于 30 岁，郭和周有一个人小于 30 岁，根据条件七许先生不会娶张、杨。

由五、六可得，王和周的职业是秘书，郭和杨有一个人是秘书，根据条件七许先生不会娶王、周。

所以只有郭符合条件。

4.（1）E

根据条件二，每个议员至少赞成一项议案。既然 G 反对 Ⅱ 号和 Ⅲ 号议案，因而他必然赞成 Ⅰ 号议案。

（2）C

因为 A、F、G 三个议员肯定投反对票。

（3）B

根据条件三、四，B反对Ⅰ号议案，G反对Ⅱ号和Ⅲ号议案，因此他们两人不可能赞成同一议案。

（4）B

若Ⅰ号议案通过，则C、D、F投赞成票；若Ⅱ号议案通过，则B、C、D、E投赞成票；若Ⅲ号议案通过，则B、C、D、E投赞成票。综上所述，三个议案中某一议案被通过，C或D都投赞成票，故选B。

（5）D

因为如果E的表决跟G一样，那么Ⅱ号和Ⅲ号议案都必将被否决（条件一、四、六）。同理选C和E都是明显错误的。选A和B也不一定对。因为肯定赞成Ⅰ号议案的只有三位议员，他们是E、F、G。因此Ⅰ号议案可能被通过，也可能被否决。

（6）B

因为Ⅰ号议案已有两票反对（A和B），再加上C和D（根据条件五），共四票反对，因此必被否定。同理选A。是明显错误的。而C、D、E的结论可能是对的，也可能是错的，这要看B和E的立场如何，本题末表明他们的态度，所以我们也就无法确定Ⅱ号议案或Ⅲ号议案是被通过还是被否决。

5. 王：英语，数学；

李：语文，历史；

赵：物理，政治。

6. 甲是壮族人；乙是维吾尔族人；丙是满族人；丁是苗族人；戊是回族人；己是汉族人。

前三个条件说明：甲、戊、丙三个人分别是满族、回族、壮族人；

乙、丁、己三个人分别是汉、维吾尔族、苗族；

第四个条件说明乙和己不是苗族人，所以己是苗族人；

第五个条件说明甲不是回族人，丙不是壮族人；

第六个条件同样说明乙不是汉人，丙不是回族人；

综上所述：甲是满族人或壮族人，乙是维吾尔族人，丙是满族人，丁是苗族人，戊是满族或回族或壮族人，己是汉族人。

7. 乙

由条件二、三、五知道甲、丙不能做这件事；由条件一知道甲、乙、丙至少有一人做了这件事，那么乙一定做了；由条件四得，只有乙一个有罪。

8. 最后一个人不知道自己所戴帽子的颜色，那么他的帽子和剩下的两顶帽子属于两种以上的颜色，通过排除，知道他的帽子和剩下的两顶帽子分属于三种颜色，第九个人不能判断自己所戴帽子的颜色，也是如此，依此类推，第一个人就能知道自己帽子的颜色为白色。

9. 副手姓张

由条件一和条件六可知，副手不姓陈。由条件五和条件二可知副手的邻居不是张，是孙。

由条件六和条件三可知老张住北京，结合条件六副手姓张。

10. A：站在阳台上；B：在看书；C：在写东西；D：在剪指甲

已知推出：

A：写东西或者站在阳台上；

B：写东西或者在看书；

C：写东西或者站在阳台上；

D：写东西或者在剪指甲。

由此可得 D 一定在剪指甲，由条件 3 可排除 A 在写东西，那么 A 站在阳台上；由以上排除 C 站在阳台上，那么他一定是在写东西；那么 B 一定在看书。

11. 小绿

若是小花做的，则三人说话中有二真一假、不合题意。

若是小丽做的，则三人说话中还是二真一假、不合题意。

若是小绿做的，则三人说话二假一真，则符合题意。

所以，正确答案为：小绿干的。

12. B 第一，D 第二，A 第三，C 第四。

13. 小红是汉县选手，她得的是三等奖。

如果小红得的是一等奖，她不是汉县选手，小刚是二等奖是沙镇选手与条件 2 相违背，排除这种情况。

如果小红得的是二等奖，他是沙镇选手，小青一定是水乡人，小刚一定得的是一等奖，小刚是汉县选手，与条件 3 相背，排除这种情况。

所以小红是三等奖，小青是二等奖是沙镇人，小刚是水乡人得一等奖，所以小红是汉县人，符合所有条件。

14. A：23 岁；B：25 岁；C：22 岁。

先从 A 年龄想起，若 A 22 岁，推出 B 说的有两句假话，不合题意。

15. M 赛了二盘。

16. 姓李的是作家和演员，姓蒋的是音乐家和诗人；姓刘的是机械工人与美术家。

17. 根据假设性的排除法可以推断罪犯是 C。

18. （1）B

根据条件三，就可立即选出答案。

（2）C

A 违反条件乙；B 违反条件丁；D 违反条件己；E 违反条件丁。故选 C。

（3）A

由已知条件二、四、五可知，三个数字中 1 和 3 两个数字在这样的条件中是不可能有用场的。因此只有 2 一个数字可用；再根据已知条件 3，可得知这样的密码文字只有 22 一种，故选 A。

（4）B

既然条件限制在三个字母内，那么根据已知条件二、四、五、六，可先排除 1、3、5 三个字母，因此剩下的只有 222 及 34 两种。

（5）D

这样的题目要首先找出错误的密码，然后再看是否可根据题中所限制的条件将它改正。我们可以发现，D 组中的密码明显违反已知条件四，但只要将 3 与前三个数字 412 任一位置交换即可变成一个完全符合条件的密码，因此选 D。

（6）C

因为用 5 替代 4 后，原密码变为 3322515，这样就违反了已知条件五，故为错。

（7）E

让我们逐个来排除：A 中的 8 一定要 2 替换才能符合已知条件 6，但这组字母中没有 2，故不行；B 组中的密码文字本身就违反了已知条件 4，因此也不行；C 与 A 同理；D 中的 8 有选 E，才能符合所有的已知条件，故选 E。

19. 赵亮

根据条件一，每个人的三爱好组合必是下列组合之一：

A. 葡萄汁，兔，哈尔滨；

B. 葡萄汁，猫，青岛；

C. 果粒橙，兔，青岛；

D. 果粒橙，猫，哈尔滨；

E. 葡萄汁，兔，青岛；

F. 葡萄汁，猫，哈尔滨；

G. 果粒橙，兔，哈尔滨；

H. 果粒橙，猫，青岛。

根据条件五，可以排除 C 和 H。于是，根据条件六，B 是某个人的三嗜好组合；

根据条件八，E 和 F 可以排除；

再根据条件八，D 和 G 不可能分别是某两人的三好组合；因此选 A。必定是某个人的三嗜好组合；

然后根据条件八，可以排除 G；于是余下来的 D 必定是某个人的三嗜好组合；

根据二、三和四，住房居中的人符合下列情况之一：

a 喝青岛而又爱兔，b 喝青岛而又喝果粒橙，c 爱兔而又喝果粒橙。

既然这三人的三爱好组合分别是 A、B 和 D，那么住房居中者的三爱好组合必定是 A 或者 D，根据条件七，可排除 D；因此，根据条件四，赵亮的住房居中。

20. 从上述的条件当中，可以推出每对三胞胎都是由二男一女组成，b 和 e 是兄弟关系，c 和 f 是同胞关系。明白这一点，在推理过程中就很简单了。

（1）E

从题意中可以得知，b 和 e 是兄弟关系，c 和 f 是同胞关系。a 或 d，可能属于 b 和 e 这一对，也可能属于 c 和 f 这一对，但是 b、e 绝不可能是 c、f 的同胞兄弟姐妹，由此可知：f 和 e 不可能是同胞兄弟姐妹关系。而另外的几对都有可能是同胞兄弟姐妹关系。因此选 E。

（2）E

运用排除法分析：如果 a 和 e 是同胞兄弟姐妹，那么我们可以假设 a 是女的，d 是男的，但还是不清楚究竟 c 或者 f 是女的，因此 A 错。选 B 也错，因为 e 和 f 不可能是同胞兄弟姐妹（分析见问题（1）），所以，更不能说明 f 是否一定是女性。如果 d 和 e 是同胞兄弟姐妹，由此可以假设一下，d 是女的，a 是男的，但我们还是不知道究竟 c 或者 f 是女的，因此选 C 也错。如果 c 是 d 的小姑，那推断的结果必定是 f 是男性，故选 D 同样错。在 c 是 d 的小叔这一条件下，我们可以推断在 a、c、f 这对三胞胎中 a、c 都是男性，f 必定是女性。因此选 E 正确。

（3）B

分析方法相同。

（4）A

由题意可知，b 和 e 是男的。如果 e 和 f 结为夫妇，我们可以推断 f 是女的；c 是男的，因此 B 和 D 肯定错，而 C 和 E 则不一定对，只有 A 肯定正确。

（5）D

根据题中的条件知道，可推断出 d、f、c 三人是同胞兄弟姐妹，其中 c 是女的；b、e、a 三人是同胞兄弟姐妹，其中 a 是女的。由此不难看出，除 D 之外的其他选项都错。

21. 第一座是黄色房子，住着挪威人，喝矿泉水，抽 HUNHILL 香烟，养猫；

第二座是蓝色房子，住着英国人，喝茶，吸拉特烟，养马；

第三座是红色房子，住着美国人，喝牛奶，抽 AALLMALL 烟，养鸟；

第四座是绿色房子，住着德国人，喝咖啡，吸 PRINCE 烟，养猫、马、鸟、狗以外的宠物；

第五座是青色房子，住着瑞典人，喝啤酒，吸 MASTER 烟，养狗。

22. 方块 5

B 同学只知道点数，却不能确定花色的只有 K、4、5、Q 这几张。而 C 同学知道 B 不知道，而 C 同学知道花色，那么这个花色应该只包括这 4 张牌或其中的几张，这时只有方块和红桃符合条件。这时 B 同学又知道了这张牌是哪两种花色，但是 B 同学却能确定这张牌是什么，这时只有方块 5 符合条件了（因为如果是 K 的话他不能确定是哪种花色，而之后 C 同学也知道了，说明除去 K 后此花色只有一张牌，只能是方块 5。

23. 不难发现只有 C 一人猜了绿队是第一名，所以这个结论是正确的，那么白队第五错了。而紫队第五对，黑队第二错，又因为紫队已经第五，所以紫队第二错，黑队第三对，同样道理推下去绿队第一、青队第二，这样五队的名次依次是绿、青、黑、白、紫。

24. 赵冰

前提条件：每个人都恰好有三个特点。因此，根据条件一和二，张明具有下列四组特点中的一组：

乐观，美貌，幽默

乐观，美貌，聪明

美貌，幽默，聪明

幽默，理智，聪明

根据条件一和三，李浩具有下列四组特点的一组：

乐观，理智，美貌

理智，美貌，幽默

理智，美貌，聪明

美貌，幽默，聪明根据一和四，赵冰具有下列四组特点的一组：美貌，幽默，理智

美貌，幽默，聪明

幽默，理智，聪明

理智，乐观，聪明

根据上面的特点组合并且根据条件一，如果张明具有聪明的特点，那么李浩和赵冰都是理智而又美貌的，张明就不能是理智或美貌的了。这种情况不可能，因此张明不具有聪明的特点。

根据上面的特点组合并且根据条件一，如果李浩具有聪明的特点，那么张明和赵冰都是美貌的，李浩就不能具有美貌的特点了。这种情况不可能，因此李浩不具有聪明的特点。于是，赵冰必定是具有聪明特点的人了。我们还可以看出其中一人的全部三个特点，以及另外两个人各有的两个特点。由于赵冰是聪明的，所以张明是乐观、美貌和幽默的；李浩是既美貌又理智；从而赵冰不能是美貌的，所以赵冰是既理智又聪明的人。

25. 杨林

根据条件一，张云、郑明和宋剑各比赛了两场；因此，从条件四得知，他们每人在每一次联赛中至少胜了一场比赛。

根据条件三、四，张云在第一次联赛中胜了两场比赛；于是郑明和宋剑第一次联赛中各胜了一场比赛。他们在一次联赛中各场比赛的胜负情况如下：

张云胜李阳；张云胜宋剑（第四场）；

郑明胜杨林；郑明负宋剑（第三场）；

根据条件二以及张云在第二次联赛中至少胜一场的事实，张云必定又打败了宋剑或者又打败了巴克。如果张云又打败了宋剑，则宋剑必定

又打败了郑明，这与条件 2 矛盾。所以张云不是又打败了宋剑，而是又打败了李阳。这样，在第二次联赛中各场比赛的胜负情况如下：

张云胜李阳（第一场）；张云负宋剑（第二场）；

郑明负杨林（第四场）；郑明胜宋剑（第三场）；

在第二次联赛中，只有杨林一场也没有输。因此，根据条件四，杨林是另一场比赛的冠军。